뇌를 위한

침묵 수업

뇌를 위한 침묵 수업

침묵 수업

소란한 세상에서
나를 지키는
침묵의 뇌과학

미셸 르 방 키앵 지음
이세진 옮김

어크로스

CERVEAU ET SILENCE

탕기, 올리비에, 앙리를 위하여
내 어머니 에바마리아를 위하여

"진정한 침묵은 정신을 쉬게 한다.

정신과 침묵의 관계는 신체와 수면의 관계와 같다.

영양을 공급하고 기운을 북돋운다는 점에서 그러하다."

― 윌리엄 펜

차례

어느 날 내 몸에 일어난 일

그 하늘을 어제 일처럼 기억한다. 인상파 전시회를 보러 갔을 때 그림 하나가 내 망막에 영원히 아로새겨졌던 것처럼. 그건 아주 평범한 하늘, 9월 오후 끝물의 그렇고 그런 하늘이었다. 석양이 지평선을 물들이고 비구름이 저 멀리 들판에서 뭉게뭉게 몰려들고 있었다. 바람을 쐬려고 테라스 문을 열던 나는 너무 추워서 산책은 포기했다. 날씨가 고약해지겠구나, 예감하면서. 그날 저녁, 걱정거리를 잊고자 일찌감치 잠자리에 들었다. 그다음 주에 연사로 초대받은 강연에 대한 생각을 떨칠 수가 없었다. 도입부부터 꽉

막혀서 일단 생각을 좀 내려놓기로 한 참이었다.

하지만 밤이 내게 불러온 것은 영감靈鑑이 아니었다.

문득 이상한 느낌 때문에 잠에서 깼는데 말이 나오지 않았고 안면 근육에 마비가 왔다. 무슨 일이지? 누가 잠든 내 얼굴에 점토 마스크를 발라놓기라도 한 건가? 바보 같지만 그런 생각이 들었다. 두 뺨을 만져보니 딱딱하게 굳어 있었다. 요컨대, 목부터 정수리까지 내 몸은 거의 아무 반응이 없었다. 어이없게도 나는 오른쪽 눈만 뜨고 있었고 입꼬리는 굳은 채였다. 침대에 누운 실루엣은 살아 숨 쉬며 자유로이 거동하는 존재가 아니라 한낱 밀랍 인형에 불과했다.

뇌졸중. 즉각 뇌리를 스친 생각이다. 언어 장애, 구안와사, 피로감 등 뇌졸중의 징후란 징후는 다 있었다. 피티에 살페트리에르 병원에서 일하는 신경과학 연구자인 나는 환자들의 얼굴에서 이러한 징후들을 수없이 보았다. 그러자 급격한 공황이 찾아왔다. 좀 더 정확히는 본격적인 뇌졸중이라기보다는 초기 징후일 뿐이다. 신속하게 병원에 도착해야 뇌 손상을 최소화할 텐데…. 두근거리는 심장을 부여잡고 가장 가까운 응급센터에 도착했다. 그 상황이 전화위복이 되리라곤 당시엔 꿈에도 생각지 못했다.

검사 결과가 나오기까지는 30분 정도 걸렸다. 대기실에 있는 내내, 위장이 꼬인 느낌이었다. 마침내 의사가 자신만만하게 웃으며 문을 열고 등장하더니 주저 없이 말했다. "르 방 키앵 선생님, 숨 돌리셔도 됩니다. 심각한 문제는 없어요." 검사 결과, 안면신경이 약간 손상된 것으로 드러났으나 전혀 대수롭지 않은 정도라고 했다. 이런 유의 마비는 정확한 원인이 밝혀지지 않았지만 스트레스 및 피로와 관련이 있어 보인다는 말도 덧붙였다. 돌이켜 생각하니 얼마 전부터 계속 미친 듯이 달리고 있었다. 나는 휴식 없이 좌충우돌하며 셀 수 없이 많은 프로젝트를 지휘 중이었다. 그러니 일과 관련된 고민을 늘 산더미처럼 끌어안고 살아야 했다. 누가 봐도 한계까지 와 있었다.

나는 라스베이거스의 도박꾼이라면 누구라도 부러워할 포커페이스를 한 채 병원을 나왔다. 하지만 실은 의사의 처방을 듣고 한없이 우울했다. 마비된 안면 근육은 약을 먹으면 해결될 일인데 의사가 모든 활동을 중단하고 휴식하라고 처방했기 때문이다. 의료계 권위자들도 몇 주간의 정신적 징역형을 선고했다. 원체 활달한 기질인 나로서는 몇 주간 아무것도 안 하고 지낸다는 생각만으로도 끔찍했다.

집에 틀어박혀 가만히 있으라고? 너무 고역이야.

　다음날 눈을 뜨자마자 프로젝트, 이동, 강연을 모조리 취소했다. 그러고는 집 안에서 왔다 갔다 전전긍긍하며 하루하루를 보냈다. 몇 시간씩 거울 앞에서, 절대로 올림픽에 나갈 일은 없는 종목을 연습하는 데 몰두했다. 윙크 하기, 소리 내어 단어 말하기 등으로 얼굴 반쪽을 움직이는 운동이었다. 별 효과가 없었다. 무력감이 엄습했고 늘 그렇듯 먹구름들이 뭉게뭉게 따라왔다. 일하지 않는다는 죄책감, 극단적 피로와 우울증의 초기 신호들. 생각은 도돌이표처럼 자꾸 제자리로 돌아왔다. 다각도로 상황을 검토하면서 빠져나갈 구멍을 찾았지만… 있지도 않은 구멍을 무슨 수로 찾겠는가. 답 없는 생각을 곱씹다 보니 육체는 점차 쇠잔해졌다. 난생처음 겪는 공허감이었다. 닷새가 지났지만 안면 근육에는 아무런 변화도 없었다.

　그런데 놀라운 일이 일어났다. 안면 마비 2주 차부터 상황이 조금씩 달라진 것이다. 아무것도 하지 않는 나날이 차츰 견딜 만했고 마음도 한결 가벼웠다. 그뿐 아니다. 나는 휴식을 즐기기 시작했다. 생각도 조용히 가라앉았다. 그러면서 몽상, 정신적 배회, 자연에 대한 관조에 기꺼이 빠지곤 했다. 수시로 느긋하게 호흡을 하고, 뇌를 옭아매는 부정적 생각들을 몰아냈다. 그제야 비로소 고요한 정신이 어떻게 '치유하는 사유'를 낳는지 알아차렸다. 다른 무엇이 아닌 나의 몸으로 그 효과를 경험했다.

결론적으로, 내적 침묵의 시간은 건강한 먹거리, 충분한 야간 수면, 운동 시간만큼이나 치유의 효력을 발휘했고… 체력과 기력의 회복에도 도움이 되었다. 신체는 차분해졌고 그동안 쌓였던 스트레스를 배출함으로써… 결국은 완치에 이르렀다. 작은 기적이 일어났다. 4주 차에 이르러 오른쪽 안면 근육을 움직일 수 있었고 거의 정상적으로 말을 하게 되었다!

여러분이 지금 읽고 있는 책은 그 일화에서 거둔 결실이다. 나는 몸소 침묵의 수혜를 입었다. 합리적 정신의 소유자로서 침묵 하나만이 나를 치유했다고 주장하기에는 무리가 있다. 하지만 나의 경험이, 몸과 정신에 이로운 보물들이 침묵에 숨어 있음을 보여주었음은 분명하다.

이 발견을 계기로 미지의 세계로 향하는 문이 내 안에서 열렸다. 뇌과학 전문가인 내가 그 문에 도저히 저항할 수 없이 끌리는 것도 당연했다. 머릿속에서 오만가지 의문이 일어났다. 내가 차분하게 보냈던 시간들이 어떤 메커니즘으로 치유 과정을 촉발했을까? 강제로 휴식하면서 신체 활동을 하지 않았던 시간이 주효했을까? 아니면, 내면의 침묵이 뇌를 재활성화하도록 작용했을까?

나는 연구를 시작했고 기대를 뛰어넘는 놀라운 발견을 했다. 침묵은, 신체적인 것이든 정신적인 것이든, 건강에 놀라우리만큼 유익하다. 당연한 얘기일지 몰라도 우리 모두는 새로이 힘을 얻기 위해 차분함이 필요하다. 신경과학은 이제 이 사실을 증명했고 어떤 생물학적 과정이 작용하는지도 설명할 수 있다. 따라서 침묵은 단순한 개인적 경험이 아니라 과학 연구의 대상이 되었다.

과학자들은 최근까지도 휴식 상태의 뇌 활동에 그다지 관심을 기울이지 않았다. 뇌는 오랫동안 활동, 성과, 지성이라는 관점에서만 분석의 대상이 되었다. 기능 개선과 복구를 위해 조금이라도 뇌를 더 쓰게 하려는 생각만 했다. 우리는 외부 자극을 동원해서라도 뇌를 자연의 한계 이상으로 몰아붙이려 했고 과잉 활동을 유도했다.[1] 그런데 신경생물학자들은 뇌를 많이 쓰는 것만이 능사가 아님을 알아차렸다! 오히려 그 반대일 때가 많다는 것이다. 일견 역설적인 듯하나 이따금 뇌를 덜 쓰고 아무것도 하지 않고 시간을 흘려보내면서 정신을 표류시키면 뇌 기능 개선에 도움이 된다. 달리 말해 뇌를 침묵시키라는 뜻이다.

그중 첫째가 청각적 침묵이다. 일반적 의미의 소음이 현대사회에서는 악이 된다는 사실을 통찰하는 데는 대단한 혜안이 필요치 않다. 소음의 폐해는, 예를 들어 여론조사에서 프랑스인들에게 매우 골치 아픈 문제로 손꼽힐 정도로 심각하다.[2] 최근의 한 연구[3]에 따르면, 파리는 세계에서 가장 시끄러운 도시 중 하나다. 파리는 베이징이나 멕시코시티 다음으로 소음이 심한 도시로서 세계 9위를 차지했다. 유럽 순위로는 바르셀로나에 이어 2위다. 무엇보다 자동차 통행량이 도시 소음을 좌우한다. 파리 에투알 광장에서 평일 저녁 8시경에 측정한 소음은 120데시벨 수준으로 굴착기 소음과 맞먹을 정도다. 세계보건기구 기준에서 보면 파리 시민 중 11퍼센트는 잠재적으로 청력을 위협하는 환경에서 살아간다!

이러한 사실은 뇌의 잡음이라는 측면에서 볼 때 너무나 우려스럽다. 우리는 주의력을 끊임없이 딴 데로 전환하고, 동시에 갖가지 일을 진행하며, 무리한 과잉 활동에 자주 내몰린다. 이 부산스러운 삶 어디서 인간다움과 내면성을 위한 가치관이 무르익겠는가. 아이는 놀면서 자연스레 자기 감각에 몰두하고, 자기만의 세상을 상상하며, 오롯이 자신의 몽상 속에서 산다. 그런데 현대의 삶은 너무 빨리 그 아이를 인위적 자극들의 소란 속으로 내던진다. 이쯤해서 약간의 통계적 수치를 상기해 보자. 컴퓨터 앞에서 어린아이의 집중력이 끊기지 않고 유지되는 시간이 2004년에 평균 3분이었다면, 2012년에는 1분 15초까지 줄어들었고, 오늘날에는 대략 45초밖에 되지 않는다.[4]

침묵을 배운다면 지나치게 산만하고 불안하며 스트레스가 심한 우리 아이들이 집중력을 되찾고 차분해지는 데 도움받을 것이다.[5] 다행히도 이러한 교육은 이미 여러 초등학교에서 첫발을 내디뎠다. 아주 어린 아이들만 빼고 정신을 차분하게 가라앉히며 아이들이 하루 일과를 시작하도록 지도하는 교사들이 점점 늘어나는 추세다. 말없이 간단한 동작을 수행하는 이 시간은 쉬는 시간 혹은 수업 시간 전 있었던 말다툼이나 신체 활동의 긴장을 풀어준다. 얼핏 '시간 낭비'로 보이는 이 몇 분이 나머지 수업을 훨씬 더 효율적으로 만드는 것이다.

침묵은 간헐적으로라도 반드시 추구해야 한다. 생리적으로나 심리적으로나 그럴 필요가 있기 때문이다. 자신을 위한 시간을 확보하고, 소란스러운 환경에서 벗어나 긴장을 풀고, 스스로 멍 때릴 시간을 허락하는 것은 결단코 쓸데없는 낭비가 아니다. 아니, 멈춤의 시간은 오히려 재충전, 창의성, 내면의 탐색에 필요 불가결하다. 연결을 해제하는 이 시간은 뇌에 절대적으로 이롭다. 이것이야말로 이 책이 말하고자 하는 주제다. 나는 왜 그러한 시간을 갖는 것이 건강한 습관인지 여러분께 보여주려 한다. 그 시간이 왜 재충전에 필요한지, 왜 창의성과 기억력, 인간 내면의 알찬 구성에 결정적 역할을 하는지 설명하고자 한다.

　이제부터 침묵이 취할 수 있는 다양한 형태를 살펴볼 텐데 그중에서 특히 침묵의 내적인 변화에 주목하겠다. 먼저 저 유명한 '놓아버리기'를 통한 신체와 감각의 이완이 뇌에 미치는 장점을 분석할 것이다. 더 많은 주의력이 동원되는 또 다른 형태의 내적 고요도 있다. 그것이 바로 명상을 통한 침묵이다. 규칙적인 명상은 의식과 분별력을 날카롭게 벼리고, 정서적 균형을 돕고, 가장 바람직한 지적 역량을 끌어낸다. 마지막으로, 자아감이 해체되는 신비체험의 '위대한 침묵'을 다루지 않을 수 없다. 그러한 침묵은 다소 이례적이지만 실제로 존재한다는 증언이 셀 수 없이 많다. 그리고 점차 그 신경학적 복잡성의 신비가 풀리는 추세다.

우리가 살아가는 말 많고 소란스러운 사회에서 침묵을 치유와 자기 계발의 도구로 삼는다는 발상은 참신해 보인다. 하지만 사실 동서양 위대한 현자들은 이미 침묵이 신체와 정신에 끼치는 미덕을 알고 있었다. 고대인들은 침묵을 존중했고 내면의 삶을 여는 귀한 시간으로 여겼다. 이러한 침묵의 힘이 이제는 과학으로 증명되고 있음을 이 책을 읽으며 알게 될 것이다. 어디 그뿐인가. 여러분이 그 힘을 얻기 위해서는 어떻게 해야 하는지도 이 책은 알려줄 것이다.

1장

신체의 침묵

"행함이 없이 행하고(爲無爲)

일 없음을 일삼고(事無事)

맛없음을 음미하라(味無味)."

— 노자, 《도덕경》

나는 안면 근육에 대한 통제력을 잃고 나서야 그 중요성을 깨달았다. 안면 마비를 몇 달 겪으니 얼굴을 구성하는 근육 하나하나를 세심히 인식하게 되었다. 안면 근육은 대략 50개가 있는데 서로 얽히고설켜 있어서 대체로 단번에 반응한다. 이 근육들은 뇌에 직접 연결되기 때문에 얼굴은 찰나의 순간에도 한없이 다채로운 표정을 지을 수 있다. 우리는 스치듯 눈길만 던져도 그러한 표정의 의미를 읽어내고 상대의 감정 상태를 그 자리에서 충분히 알아차린다. "얼굴은 정신의 거울"이라는 말이 진실이라고 나는 확신한다. 만성 스트레스에 시달리는 상황에서 내 얼굴은 늘 굳어 있었기에 안면 근육이 쉴 수가 없었다. 설상가상으로, 턱관절과 눈에 늘 힘이 들어간 상태였고 근심으로 깊어진 주름이 이마를 가로질렀다. 얼굴이 한 인간의 삶의 방식에 대해서 많은 것을 알려준다는 사실이 뼈저리게 다가왔다.

　안면 마비가 찾아온 후 나는 몸의 긴장을 푸는 법을 배워야 했다. 그래서 규칙적으로 명상을 해보기로 마음먹었다. 명상을 배우고 이런저런 만남을 가지면서 명상을 하는 사람들의 수만큼이나 다양한 명상 수련법이 있음을 알게 되었다. 어떤 유형의 수련이 나와 가장 잘 맞으려나? 오랜 시간 주저하다 우연히 동네에서 선禪 명상 수련원, 즉 일종의 도장道場을 발견했다. 한번 가봐야겠군! 생각했고 드디어 실행에 옮겼다. 그리고 나는 충격적인 경험을 한다.

　처음으로 수련에 참여하던 날 이른 새벽 잠에서 깼다. 으슬으슬한 겨울 파리의 한기에 떨며 잠이 덜 깬 상태로 도장에 도착한 나는 깜짝 놀랐다. 그 이른 시간 스무 명 남짓 되는 사람들이 이미 방석을 깔고 앉아 있지 않는가. 대부분은 승려들이 입을 법한 검은색 가사袈裟를 걸친 채였다. 수련 장소엔 군데군데 촛불만 몇 개 놓여 있을 뿐 아무것도 없이 어두웠다. 나도 방석에 앉았다. 드디어 '댕' 하는 종소리로 시작된 수련은 한 시간 반 동안 이어졌다. 어려울 것도, 신비로울 것도 없었다. 흰 벽을 마주하고 가만히 앉아 있기만 하면 그만이다. 움직이지 않기, 소리 내지 않기. 달리 말하면 신체의 침묵 연습하기.

선 명상에서는 일단 앉아서 부동자세를 유지한 후에는 시각화고 염불이고 필요 없다. 호흡을 헤아리지도 않는다. 요컨대, 특별히 하는 거라고는 아무것도 없다. 단지 느긋하게 시간을 들여 가만히 있는다. 이 상태를 가리키는 말이 '지관타좌只管打坐', 즉 '오직 앉아 있을 뿐'이다.[1] 이는 선종禪宗의 근본이 되는 반지성주의적 의도를 잘 나타낸다.

딱히 그 어떤 것에도 다다르려 하지 않고 그냥 앉아 있기, 자신을 관찰하기, 단지 지금 이 순간에 임하기. 참으로 실제적이지 않은가. 고요히 앉아 있으면 신체는 차츰 긴장을 내려놓고 깊은 휴식 상태에 들어간다. 무엇보다 놀라운 점이 있었다. 안면 근육이 전부 풀어지고 이따금 입가에 보일 듯 말 듯 미소가 지어졌다! 이에 관해서는 7장에서 다시 이야기하기로 하자.

──── 도판 1. 선 명상의 궁극 목표는 '무위', 곧 아무것도 하지 않음이다. 그러한
경지에 이르려면 몇 년 동안 부단히 수련을 해야 한다. 그 수련은 바로 그냥
앉아 있기만 하는 것이다.

휴식 중인 뇌

신체의 침묵이 어떻게 미덕이 될 수 있을까? 신체가 침묵할 때 뇌는 천천히 작동하고 생물학적 활동이 최소화된다고 생각하기 쉽다. 마치 컴퓨터가 '절전모드'로 전환되듯이…. 천만의 말씀! 오히려 반대로 휴식에 들어갈 때 뇌는 매우 강력한 자발적 활동이 벌어지는 무대가 된다.

1924년, 독일 신경생물학자 한스 베르거는 신체의 휴식과 관련된 강력한 뇌파의 존재를 최초로 확인했다. 그는 당시로서는 가장 성능이 우수한 전류측정기를 활용해 사람의 두피 표면에서 마이크로볼트 수준의 미세 전류를 측정하고 기록하는 데 성공했다. 여기서 멈추지 않았다. 베르거는 대뇌피질(뇌 반구들의 표면을 이루는 주름 잡힌 회색질 층)에서 검출된 이 전기 활동이 애초의 예상과 달리 무질서한 노이즈가 아니라는 점에 주목했다. 그 활동은 해수면에서 넘실대는 너울처럼 활발하게 일어났다가 잠잠하게 가라앉았다가를 반복하는 파장의 형태를 띠고 있었다. 베르거는 1초당 10사이클(10헤르츠)로 진폭이 매우 큰 이 특정한 뇌파, 일명 알파파가 잠을 자거나 꿈을 꿀 때, 혹은 아무 생각 없이 천장을 바라볼 때도 측정된다고 보고했다. 우리가 푹 쉬어도 뇌는 여전히 활발하게 돌아간다!

몇십 년이 지나 또 다른 연구자들은 선 명상을 하는 동안에도 아주 특별한 뇌파가 발생한다는 사실을 발견했다. 이 새로운 발견이 이뤄진 무대는 도쿄였다. 1960년대, 일본의 두 의학자 카사마츠 아키라笠松明와 히라이 토미오平井富雄는 선불교 승려들이 매일 하는 명상 수련을 최초로 연구했다. 그들이 연구 결과를 발표한 논문은 신기원을 열면서 이 분야의 초석을 놓았다.[2] 그들은 무엇을 관찰했을까? 아키라와 토미오는 두개골 뒤쪽 부분에서 발생하는 알파파가 점차 풍부해지는 현상을 승려들의 뇌에서 보았다. 명상에 깊이 들어갈수록 알파파는 증폭되어 이마에 가까운 영역들까지 차지했다. 이 상태는 뚜렷이 구별되는 뇌파를 특징으로 하는 수면, 최면, 이완과는 분명 다르다는 사실에 주목해야 한다. 명상 초심자들의 경우, 알파파는 몇 분밖에 지속되지 않다가 그 후 수면 상태의 뇌파로 넘어갔다.[3]

뇌의 암흑에너지

이러한 연구들이 간헐적으로 있었음에도 신경생물학자들은 여전히 뇌가 휴식할 때는 대기 상태가 된다고 생각했다. 선구적인 실험에서 밝혀진 뇌파의 율동은 딱히 주목할 필요가 없는 배경 소음에 불과하다고 했다. 그들은 움직이고 일하는 동안의 뇌 활동만 주목했고 나머지는 대수롭지 않게 여겼다. 그러다 워싱턴 의대 신경과 교수 마커스 라이클의 등장으로 모든 것이 바뀌었다. 2001년, 라이클은 휴식하는 사람들에게서 뇌파가 아닌 뉴런의 에너지 소비를 처음으로 측정했다. 그는 피험자들이 자기공명영상MRI 통에 들어가 특정한 생각을 하지 않으며 멍하니 있게 했다. 그리고 (에너지 소비와 관련이 높은 혈중 산소 농도의 국소적 변화를 기록하는) 기능성자기공명영상fMRI 촬영술로 이들의 뇌 활동을 시각화했다.

라이클은 무엇을 보았을까? fMRI는 괄목할 현상을 나타냈다. 거대한 에너지 파동이 여러 뇌 영역이 이루는 광범위한 네트워크를 서서히 가로지르고 있었다. 이 높은 파동은 10초 간격으로 연속되고, 가까운 구역과 먼 구역을 조화시키면서 대체로 동일한 영역에서 발생했다. 이로써 휴식 중에도 뇌의 특정 영역들은 왕성한 활동을 한다는 것을 알 수 있었다! 게다가 이건 배경 소음 따위가 아니다. 오히려 이 뇌파는 일정한 뇌 영역들의 배치에 공명을 일으킬 만큼 상당히 구조화되어 있었다.

놀라운 일은 또 있었다. 이 왕성한 활동은 에너지를 엄청나게 잡아먹는다. 특별히 한 일도 없이 기운이 소진되어 기진맥진한 적이 있을 것이다…. 그러한 기분을 느낀다면 그럴 만한 이유가 있다. 라이클은, 뇌는 휴식 중에도 인지적 과제를 수행하거나 집중력을 발휘할 때 못지않게 에너지를 쓴다는 사실을 보여주었다! 뇌는 일상적으로 사용하는 에너지 가운데 약 80퍼센트를 휴식 상태에서 소비한다. 특정한 생각에 결부되지 않는 이 에너지를 라이클은 '뇌의 암흑에너지'[4]라고 부른다. 우주 전체 에너지 가운데 70퍼센트 이상을 차지하지만 우리가 그 기원을 알지 못하는 암흑에너지에 빗댄 말이다. 휴식 상태의 뇌가 어떤 활동을 하는지는 아직 상당 부분 알려지지 않았다. 하지만 그 에너지가 뇌의 원활한 작동에 필요하며 없어서는 안 되는 것이라는 사실은 분명하다.

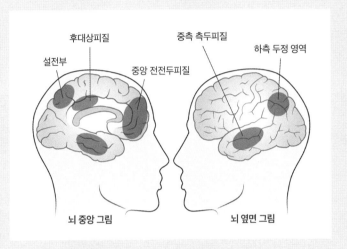

설전부
후대상피질
중앙 전전두피질
중측 측두피질
하측 두정 영역

뇌 중앙 그림   뇌 옆면 그림

—— 도판 2. 휴식할 때 거대한 에너지 파동(검은색)이 뇌의 특정 영역으로 퍼진
다. 이 영역은 뇌의 앞쪽인 전전두피질과 옆쪽인 측두 영역에 있다. 마커스
라이클 이후의 연구자들은 또 다른 영역도 활성화된다는 것을 알아냈는데
그것이 바로 후대상피질이다. 라이클은 주의력이 특정한 외부 자극으로 향
하지 않을 때 네트워크가 '기본값으로' 작동한다는 것을 알아차리고 이 현상
을 '디폴트 모드'[5]라고 불렀다.

정신을 쉬게 하는 심리적 방랑이라는 활동, 흔히 "달나라에 가 있다"고들 하는 이 순간을 누구보다 잘 기술하고 명명했던 작가가 장 자크 루소다. 《고독한 산책자의 몽상》은 자서전과 철학적 에세이의 중간쯤 되는 책으로, 루소는 당대 사회를 떠나 고독으로 도피하기 위해 스위스에서 지낼 때 이 책을 썼다. 바로 그곳, 산봉우리들이 둘러싼 비엔 호숫가에서 루소는 자연을 관조하고 생각이 하염없이 떠돌게 내버려두다가 마침내 독특한 경험을 하기에 이른다. 예를 들어 그는 작은 배를 타고 호수를 잠시 돌아보다가 최면과도 같은 상태에 빠졌던 일을 이야기한다.

밀려왔다 밀려가는 물이 (…) 몽상이 잠잠하게 한 내 안의 움직임을 대신했고, 나는 사유라는 수고를 굳이 하지 않아도 내 존재를 기쁨으로 느끼기에 부족함이 없었다.

루소와 거의 동시대를 살았던 낭만파 화가들도 이러한 종류의 깊은 명상을 그림으로 표현하곤 했다. 독일 낭만파 회화의 선구자 카스파 다비드 프리드리히도 그런 화가였다. 프리드리히는, 산꼭대기에서 뒤숭숭한 안개바다

— 도판 3. 독일 낭만파 회화의 선구자 카스파 다비드 프리드리히의 작품 〈안개바다 위의 방랑자〉(1818, 독일 함부르크 미술관 소장). 산책자는 마치 자기 내면의 안개를 가만히 바라보고 있는 듯하다.

를 관조하는 산책자의 뒷모습을 그렸다. 산책자는 거울을 들여다보듯 그 풍경에서 자기 내면의 어지러운 미로를 본다.(도판 3) 낭만파 화가들이 화폭에 담아낸 경험은 신체가 침묵할 때의 휴식 상태로, 도가철학에서 말하는 '무위無爲' 상태에 해당한다. 이는 또한 힘들이지 않아도 독자적인 리듬으로 사유가 흘러가는 명상을 통한 침묵 상태이기도 하다. 이제 곧 이 개념에 대해 설명할 것이다. 명상의 효용에 대해서는 뒤에서 다시 살펴보기로 하자.

게으름에 도전!

이렇게 나는 도장에 나가 신체의 침묵을 수련했다. 그런데 이는 선 명상의 전유물이 아니다. 사실 신체의 침묵 상태는 좀 더 일반적인 개념인 '무위', 즉 '아무것도 하지 않음' 혹은 '(인위적) 행위를 하지 않음'에 포함된다. 이 개념은 수천 년간 아시아 문화에 영향을 미쳤다. 전하는 말에 따르면 기원전 4세기, 중국의 패권을 차지하려 무도한 전쟁을 일삼던 춘추전국시대의 제후들에게 노자는 이 간결하고도 수수께끼 같은 '무위'를 권했다고 한다. 폭력의 악순환에서 빠져나오려면 무엇을 해야 할까? 노자는 역설적으로 아무것도 하지 말고 '무위'에 머물라고 했다. 내가 행사한 힘은 필연적으로 나를 향해 돌아오므로 '무위'만이 꼬리에 꼬리를 무는 폭력의 고리를 끊을 수 있다. 2300년 후 비폭력 운동을 개진한 간디는 결과적으로 노자의 발자취를 따른 셈이다.

노자는 이러한 관찰에서 출발하여 무위의 위력, 비개입의 힘을 발견했다. 중국에는 "벼를 잡아당긴다고 빨리 자라지 않는다"는 속담이 있다. 농사가 주업인 옛 중국인들은 노동의 미덕을 잘 알았고 그에 못지않게 기다림의 미덕을 중시했다. 그들에게 '무위'는 하나의 행동 방식이었다. 신체의 침묵이 끼치는 효용을 누리고자 할 때 관건이 되는 것은 굳이 무슨 행위를 하려고 하지 않는 지혜다. 하지만 현대인은 늘 부산스럽고 동요하는 상태이기에 '무위'에 머물기 쉽지 않다!

행동 중독은 인류의 삶을 골치 아프게 하는 화근 중 하나다. 자, 이제 여러분은 잠시 멈추고 아무것도 하지 않기에 도전해 보라!

편안한 소파나 의자에 앉아서 눈을 감는다. 그 자세에서 움직이지도, 무언가를 생각하지도 않는다. 그렇게 5분 이상 가만히 있어보라. 놀랍게도 그러한 휴식이 금세 불편해질 것이다. 심지어 몇십 초 만에 불쾌한 기분을 맛볼 가능성도 있다.

감정의 격랑이 머릿속에서 소용돌이치고, 부정적인 생각에 빠져들고, 중간중간 미치도록 지루할 것이다. '불안해', '언제까지 아무것도 안 하면서 이러고 있어야 해?', '이제 1분도 더는 못 참아' 같은 생각의 형태를 띠며 코앞까지 스트레스가 들이닥칠지 모른다. 행동할지, 하지 않을지 자유로이 결정한다고 믿었건만 사실 우리는 활동에 단단히 중독되어 있다.

행동에 대한 의존성을 확증한 다양한 심리학 실험들이 있다. 버지니아대학교 심리학과 교수 티모시 윌슨이 2014년 〈사이언스〉[6]에 발표한 실험은 그중에서도 눈길을 끈다. 윌슨은 피험자들이 휴대전화나 읽을거리 등의 기분전환 수단 없이 텅 빈 방에서 혼자 6~15분 동안 있도록 했다. 예상대로 피험자 절반은 실험이 불쾌하고 고역이었다고 평가했다.

여기에 더해 윌슨은 두 번째 실험으로 넘어가면서 피험자들에게 원하면 스스로에게 가벼운 전기충격을 가해도 된다고 했다. 즉 다시 한번 혼자서 생각만 하면서 보내야 할 시간이 되었다. 이때 자신에게 고통을 가할 수도, 그러지 않을 수도 있다. 실험 결과는 의미심장했다. 남성 피험자의 67퍼센트와 여성 피험자의 25퍼센트가 적어도 한 번 이상 전기충격을 자초했다! 도대체 왜? 단순히, 할 일이 없었으니까! 이들은 지루함보다는 차라리 자해를 택했다.

빈둥거리면 죄책감이 들어요

자신이 '행동' 중독 상태인지 알고 싶다면 간단한 테스트가 있다.

'Do nothing for two minutes(2분간 아무것도 하지 마)'라는 웹사이트[7]에 접속한다. 바탕화면에 바다 풍경이 나오고 파도 소리가 들린다. 접속과 동시에 카운트다운이 시작된다. 이때 2분 동안 키보드나 마우스를 건드리지 않는 것이 규칙이다. 조금이라도 키보드나 마우스에 닿으면 처음부터 카운트다운이 다시 시작되니 주의할 것. 얼핏 쉬워 보이지만 만만치 않을 것이다. 만약 해냈다면 축하할 일이다. 여러분은 이 테스트를 통과한 소수의 사람들 가운데 하나다.

어째서 아무것도 안 하기가 이렇게 어려울까? 잠자코 가만있으려니 뭔가 해야 한다는 압박감이 왜 이리 심해질까? 확실히, 이 불만족스러운 감정은 기본적으로 성과에 토대를 두는 이 시대의 징후라 할 수 있다. 저마다 시간 관리, 계획, 미래 예측의 중요성을 이야기한다. 행동은 삶과 자존감에 필수 불가결한 요소이자 자아실현의 방식이라고 도처에서 사람들이 강조한다. 그러다 보니 휴식에 많은 시간을 할애하는 것이 나약함을 고백하는 일로 취급당한다. 쉴 새 없이 할 일에 짓눌리다 보면 모든 멈춤이 시간 낭비인 것만 같다. '빈둥거리는' 사람은 무능하고 쓸모없으며 남들의 눈에 존재하지도 않는 투명인간이 된 기분을 느끼기 십상이다.

다수의 심리학자는 이를 현대사회의 새로운 병으로 지목하며 이 불안에 포모FOMO라는 이름까지 붙였다. 영어 'Fear of missing out'의 약자로 '중요한 것을 놓칠지 모른다는 두려움'을 뜻한다.[8] 현대 기술의 연속적 사용은 이 두려움을 특히 자극한다. 스마트폰과 이런저런 소셜 네트워크는 언제나 더 많은 이벤트를 제안하고, 쉴 새 없이 주의력을 앗아가며, 끊임없이 상호작용을 요구한다. 현대인은 하루 평균 221번 스마트폰을 들여다본다는 사실을 알고 있는가.[9] 가히 중독이 아닐 수 없다. 지속적으로 주의력을 빼앗기는 이 시대에는 사방팔방이, 심지어 자유 시간조차 채워야 할 빈칸이 되고 만다. 오늘날, 시간 계획과 자기실현 기술이 난무한다는 사실은 얼마나 아이러니한지. 내면의 평온을 찾기 위해 잠시 멈추는 게 아니라 더욱더 열심을 내야 하다니….

나는 만성적인 과잉 활동에는 더욱 심도 깊은 이유들이 숨어 있다고 믿는다. 과잉 활동은 공허, 분리, 거절, 고립에 대한 두려움을 부채질한다. 파스칼은 《팡세》에서 이러한 심리를 절묘하게 표현했다.

아무런 정념도 없고, 할 일도, 즐길 거리도, 열의도 없는 온전한 휴식보다 인간이 견디기 힘들어하는 것은 없다. 그럴 때 자신의 허무, 버림받음, 부족함, 의존성, 무능, 공허를 절감하는 까닭이다. 그는 당장에 영혼의 바닥에서부터 권태, 암울함, 슬픔, 번민, 원통함, 절망을 끄집어낼 것이다.

그리하여 철학자는 냉소적으로 일갈한다.

인간의 모든 불행은 단 한 가지 사실, 그가 방 안에서 가만히 쉴 줄 모른다는 데서 비롯된다.

17세기에 쓴 이 글이 놀랍도록 지금의 시대에 시사하는 바가 크지 않은가!

과잉 활동이 해로운 이유

무엇이 우리를 눈코 뜰 새 없이 바쁜 CEO처럼 살아가도록 밀어붙이는가? 그 원인이 무엇이건 간에, 신체는 그러한 행동을 스트레스로 받아들인다. 그로 인한 손상은 움직이지 않음으로써만 복구할 수 있다. 선 명상을 비롯한 신체 침묵 수련의 이점이 여기에 있다. 자세한 설명을 위해 잠시 말초신경계의 생리학을 짚어보기로 하자. 말초신경계는 뇌에서 나오는 전기가 여러 장기와 다양한 조직으로 흘러들어 가는 거대한 네트워크라고 할 수 있다. 그런데 이 네트워크는 에너지가 아니라 몸 상태에 대한 정보를 전달한다는 특징이 있다. 이 '말초' 신경계는 뇌와 척수로 구성되는 중추신경계와 구분된다.

고대의 해부학자들, 이를테면 갈레노스 같은 의학자도 이미 이 신경계에 대해서 알고 있었다. 하지만 20세기 초에야 말초신경계의 기능을 제대로 파악하게 되었다. 미국의 생리학자 존 랭글리는 이 신경계가 사실은 교감신경계와 부교감신경계라는 두 개의 하위 신경계로 이루어져 있다는 사실을 알아냈다. 그리스어에서 유래한 접두사 'syn'은 '함께'를 뜻하고, 역시 그리스어에서 파생된 단어인 'pathos'는 '감정'을 뜻한다. 달리 말하면, 교감신경계 sympathetic nervous system는 감정의 분출을 관리하고 부교감신경계parasympathetic nervous system는 정상으로의 복귀를 관리한다('para'에는 '반대하는'이라는 뜻이 있다). 이 두 하위 신경계의 역할은 매우 총괄적이어서 심장박동, 호흡, 소화 기능, (혈류나 공기의 흐름을 조절하는 근육인) 민무늬근 수축 등 생명과 직결되는 기능을 자율 조절하는 일을 한다.

교감신경계와 부교감신경계는 교대로 활성화된다. 공포, 분노, 스트레스 상황에서는 교감신경계가 먼저 발동해서 아드레날린, 노르아드레날린, 코르티솔의 분비를 촉진한다. 이러한 호르몬은 행동에 필요한 에너지를 신체에 공급하는 효과가 있다. 스트레스를 받는 상황에서 이른바 '피꺼솟', 즉 피가 거꾸로 솟는 느낌을 받는다. 이때 근육에 힘이 들어가고, 피부혈관이 수축하며, 피가 근육으로 흘러 들어 간다. 뇌가 행동할 채비를 시키는 것이다. 그러면 정신은 경계 태세를 갖추고 싸움이나 도피를 준비한다.

그 후 휴식 시간에는 부교감신경계가 (다른 호르몬의 분비를 촉진하여) 정상 상태로의 복귀를 담당하고 생명에 필수적인 기능들을 복구시킨다. 부교감신경계는 신체 기능의 전반적인 둔화를 유도해 심장박동과 호흡이 느려지게 하고 혈압을 떨어뜨린다. 이 부교감신경계는 행동 이후 이완, 소화, 수면의 시간에 활성화된다.

자율신경계, 다시 말해 의식하지 않아도 작동하는 신경계는 이 두 극단 사이의 균형을 꾀한다. 교감신경계가 활성화되면 부교감신경계가, 부교감신경계가 활성화되면 교감신경계가 대기 상태에 들어간다. 이를 고속도로를 달리는 자동차에 비유해 보자. 차도에서 벗어나지 않으려고 운전자는 순간순간 브레이크를 밟는다. 이때 부교감신경계가 브레이크, 교감신경계가 액셀러레이터라고 생각하면 쉽게 이해될 것이다. 그런데 평소 능숙한 운전 솜씨로 고르지 않은 노면도 쉽게 통과하던 이 멋진 장치가 안타깝게도 고장이 나면 어떻게 될까.

심한 스트레스가 장기간 지속되거나 불길한 예감에 집착하거나 쓸데없는 생각을 되새김질하면 스트레스와 불편에 대응하는 호르몬(특히 코르티솔)이 과도하게 분비된다. 그러면 딱히 이유도 없이 심장박동이 마구 빨라진다. 부교감신경계의 브레이크가 조절 효과를 제대로 발휘하지 못해서다. 그리하여 신체 곳곳에서 근육의 과도한 긴장이나 혈류 장애가 일어난다. 이 때문에 특정 유형의 두통이나 과민성 장 증후군 같은 소화 장애가 발생한다. 스트레스 호르몬이 과도하게 축적되면 면역이 약화되어 대수롭지 않은 감염원(바이러스, 박테리아, 기생충 등)에 혹은 심각한 병(다양한 종류의 암)에 한층 취약해지고, 결과적으로는 신체 기능 전반이 망가진다.

생리 기능 전반을 안정시키는 법

만성 스트레스는 관상동맥 질환은 물론, 심혈관계 질환 및 뇌졸중 등 치명적 결과를 초래한다는 사실이 여러 연구에서 입증되었다. 그중 2004년의 한 연구는 심근경색을 일으킨 적이 있지만 심장 자체에는 이상이 없는 52개 국가의 1만 명 이상을 대상으로 했다. 연구자들은 심혈관계 질환 위험과 발병 전년의 스트레스 수치의 확실한 관련성을 보여주는 결과를 도출해 냈다.

반대로, 신체의 침묵은 특히 부교감신경계를 자극해 신체 생리를 전반적으로 늦추고 신체가 차츰 차분해지게 한다. 그럼으로써 생물학적·심리적 회복이 이루어지고 안녕감이 든다. 신체는 잠잠해지고 호흡 속도나 심장박동이 느긋해진다. 이러한 상태가 건강에 미치는 영향을 분명하게 보여준 연구도 다수 존재한다.

신체의 침묵에 중요하게 작용하는 변수를 간과하기 쉬운데 바로 호흡의 역할이다. 이완 과정에서 호흡은 핵심적 역할을 한다. 호흡은 대개 생각의 개입 없이 자동으로 이루어지는 활동이다. 성인은 하루 평균 2만 번 숨을 쉰다.

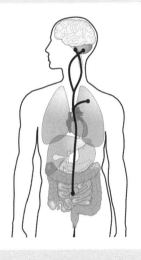

—— 도판 4. 미주신경은 자율신경계의 일부다. 이는 신경계에서 가장 길고 복잡하게 뻗은 신경으로 거의 모든 내장 기관의 조절에 관여한다. 미주신경은 식도 윗부분인 후두, 심장, 폐, 위, 장에 분포한다.

한 번 숨을 쉴 때 들이마시는 공기는 0.5리터 정도이고 하루에 1만 2000리터, 1년에 400만 리터 이상을 들이마신다. 인간은 이처럼 성능이 뛰어난 공기 펌프라 할 수 있다. 그러나 호흡은 단순한 자동 기계의 작동을 넘어서는 활동이다. 자율신경계에 의지하는 생명 기능들 가운데 우리의 의지로 조절 가능한 것은 호흡 하나밖에 없다. 특히 천천히 숨 쉬는 법을 익히고 호흡을 다스리면 부교감신경계를 활성화하고 결과적으로 생리 기능 전반을 안정시킬 수 있다. 어떻게 이런 일이 가능할까?

심리적인 면에서 호흡과 감정 상태는 명백한 관계가 있다. 부정적인 생각이 떠오르거나 불쾌한 기분이 들면 호흡부터 흐트러진다. 안 좋은 소식을 들으면 '숨이 멎는' 듯하다. 분노가 치밀어오르거나 이런저런 강렬한 감정에 휩싸이면 호흡이 거칠어지다가 아예 숨이 안 쉬어지기도 한다. 반면 느슨함과 안녕감은 느리고 깊은 호흡을 동반한다. 정신적 삶은 호흡에 곧장 영향을 미치고 역으로 호흡도 정신적 삶에 직접 작용한다.

20세기 들어 그 생리학적 이유가 규명되었다. '방황하는' 신경이라고도 하는 미주신경은 머리에서 출발해 목덜

미를 타고 폐까지 뻗어 있고, 심장을 파고들어 복부 소화기관들에도 분포하는, 몸에서 가장 긴 신경이다. 미주신경의 역할을 발견한 사람은 오스트리아 약학자 오토 뢰비다. 그는 1921년 생리식염수를 채운 비커에 개구리의 심장을 넣었다. 여전히 미주신경이 분포해 있는 심장이었다. 뢰비는 이 신경을 자극하면 심장이 느리게 뛰고 특정 화학물질이 식염수에 분비된다는 사실을 알아차렸다. 이 비커에 담겨 있던 식염수를 다른 개구리의 심장이 있는 또 다른 비커에 넣기만 해도 그 심장까지 느리게 뛰는 현상이 나타났기 때문이다.

호흡이 나아지면 삶이 나아진다

뢰비는 미주신경을 자극하면 신경 말단에서 특정 화학물질이 나온다고 결론 내렸다. 훗날 이 화학물질은 중요한 신경전달물질 중 하나인 아세틸콜린으로 밝혀졌다. 호흡이 느긋해지면 아세틸콜린이 심장을 진정시키고, 맥박이 느려지는 동시에 장의 연동운동이 활발해진다(장의 수축은 음식물의 이동을 촉진한다). 모든 이완 요법은 이 독특한 생리학적 원리에 바탕을 둔다. 의식적으로 숨을 느리게 쉬면 복식호흡을 하게 된다. 즉 흉곽은 움직이지 않으면서 복부를 부풀리는 깊은 숨쉬기를 하게 되는 것이다. 이때 미주신경이 자극을 받기 때문에 결과적으로 심장박동이 느려진다.

다음과 같은 연습은 호흡을 통한 이완 요법 입문에 도움이 된다.

> 허리를 곧게 세우고 앉아 긴장을 풀고 마음을 편히 가진다. 배를 부풀리면서 숨을 들이마시고 천천히 숨을 내뱉는다. 그런 다음 호흡을 북돋운다. 갈비뼈를 확장하면서 들이마신 숨으로 폐의 윗부분, 즉 쇄골이 있는 곳까지 채운다. 이런 식으로 5초에 걸쳐 숨을 들이마신다. 그 후 숨을 내쉴 때는 폐의 윗부분부터 시작해서 갈비뼈로 내려오다가 배를 살짝 부풀리면서 횡경막을 낮춘다. 여기서 다시 들숨으로 돌아간다.

이렇게 몇 분간 이른바 '완전한' 호흡을 실행하면 편안한 안녕감이 온몸에 퍼진다. 이 기법의 핵심은 횡경막을 움직여 내부 장기를 가볍게 마사지하는 효과를 발생시키는 것이다. 그러면 혈액순환도 원활해진다.

과학자들은 이러한 호흡법이 신체에 미치는 효과를 측정했다.[10] 그리고 장기적으로 이 호흡법을 수련했을 때의 치유 효과도 보여주었다. 매일 복식호흡을 연습하면 심장 박동이 느려지고, 혈압이 떨어지고, 코르티솔 수치가 낮아진다. 면역계 강화도 증명된 바 있다.

그러니 딱 한 가지만 권하고 싶다. 숨을 깊게 들이마시고 내쉬는 습관을 들이자. 일부러 습관을 들일 만큼 충분히 가치 있는 일이기에! 내겐 이 습관이 하루하루의 삶에 얼마나 도움이 되는지 모른다. 가령 강연을 앞두고 무대공포증이 엄습할 때, 스트레스를 받거나 긴장했을 때 매우 유용하다. 나는 틈이 날 때마다 이 원리를 수시로 적용하려고 노력한다. 호흡이 충분히 깊은지 살피는 것이 나 자신을 제어하고, 주의력을 다잡고, 타고난 불안감을 낮추는 일종의 생리학적 건강법이 되어버렸다.

몸의 지휘자, 심장

앞서 살펴보았듯이 숨을 깊게 들이마시고 내쉬면 신체

적·생리적 컨디션 전체가 개선된다. 호흡법은 어떻게 이토록 좋은 효과를 낼 수 있을까? 전문가들은 심장이 독특한 활동을 하기 때문이라고 추측한다. 평온하고 안녕감을 느낄 때 심장은 여러 생리적 시스템(뇌파, 혈압을 관리하는 압력반사 시스템, 면역, 소화)을 동기화하는 아주 특별한 리듬을 생성시킨다.

한마디로, 심장이 말 그대로 지휘자가 되어 몸 전체를 이끌어나간다. 흥미롭게도, 심장의 지휘봉은 메트로놈처럼 정확한 박자로 허공을 가르지 않는다. 오히려 휴식 상태에 있는 건강한 사람의 심전도 그래프는 희한할 정도로 불규칙하고, 이어지는 두 박동 사이의 시간 간격이 계속 미세하게 변한다.(도판 5) 이것을 심박변이도라고 한다.

19세기 생리학자들은 이 현상에 매료되었다.[11] 숨을 들이마시면 기체 교환이 원활해지도록 심장이 빨리 뛴다. 숨을 뱉으면 심장박동은 느려진다. 그 이유는 숨을 내쉴 때 미주신경이 복부에서 자극을 받기 때문이다. 호흡을 깊게 하면 심박변이도는 필연적으로 들숨과 날숨에 좌우되고 부교감신경의 활동은 광범위한 진동을 조절한다. 이러한 상태를 의학 용어로 호흡성 동성부정맥이라고 한다.

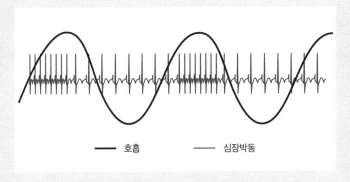

——— 호흡　　　　　——— 심장박동

—— 도판 5. 깊은 호흡에서 심장박동은 들숨과 날숨에 연동된다.

직접 경험해 보자. 손목의 맥을 짚으면서 대략 1분에 6번 정도로 평소보다 느리게 숨을 쉰다. 다시 말해 숨을 한 번 들이마시고 내쉬는 데 5초를 들인다. 그러면 들숨과 날숨에 따라 심장박동이 살짝 빨라지고 느려지는 것을 느낄 수 있다.

이를 정밀하게 측정하면 깊고 느린 호흡 상황에서 심박변이도가 폭넓고 규칙적인 파장을 나타낸다는 것을 보여준다.(도판 5) 이 파장이 신체의 다른 시스템들에 영향을 미치며 특히 뇌 활동은 차분하고 주의 깊은 대기 상태에 들어간다.[12] 이럴 때 정서적으로 매우 안정되고 정신이 맑아진다. 이렇게 거의 즉각적 효과가 나타나고 확실한 안정감을 보장한다.

어떤 면에서 심장 파장은 뇌 기능에 영향을 미친다고 말할 수 있다. 그러므로 심장-뇌는 양방향 관계이다. 뇌는 매 순간 심장에 영향을 주고 심장도 뇌에 영향을 준다. 심장변이도 측정은 이 두 시스템 사이의 적절한 균형에 관해 정확하고 신속하고 정량적인 평가를 제공한다.

스트레스가 일으킨 장기적 손상

극심한 스트레스를 받으면 어떤 일이 일어날까? 짐작하다시피 앞에서 말한 균형이 심하게 교란당한다. 공포, 분노, 좌절, 슬픔 같은 감정을 느낄 때 혹은 중요한 시험을 치를 때가 그 전형적 상황이다.[13] 이 경우 심박변이도는 급속히 낮아진다.

이러한 변화는 장기적으로 손상을 가할 수 있다. 심한 스트레스를 겪으며 일하는 사람은 업무 시간은 물론, 주중에도 심박변이도가 매우 낮았다.[14] 기업에서는 만성피로와 심박변이도 사이에 밀접한 관계가 있다는 분석을 내놓기도 했다.[15] 이는 가볍게 볼 문제가 아니다. 직업병이라는 관점에서 볼 때 심박변이도는 과도한 업무, 성과 압박, 출장과 시차로 인한 스트레스의 중요한 지표가 된다.

오로지 심장 활동이라는 단 하나의 근거를 통해 개인의 스트레스 반응 측정도 가능하다. 중국의 한의사들은 이미 2000여 년 전에 이 사실을 알고 있었다. 280년경에 살았던 왕숙화는 손목에서 맥을 짚어 파악할 수 있는 심장박동과 여러 생리학적·병리학적 상태의 복잡다단한 관계를

《맥경》이라는 책으로 정리했다.[16] 그가 책에서 진단한 내용은 심박변이도 개념의 초보적 단계에 해당한다.

"딱따구리가 나무를 쪼아대는 소리 혹은 지붕에 부딪히는 빗소리처럼 맥이 일정하면 병자는 나흘 안에 세상을 떠난다."

오늘날의 의사들도 이 한의사의 말에 동의할 것이다. 현재 병원에서는 심박변이도를 특히 심근경색 발생 직후 몇 주 동안의 돌연사 위험을 예측하는 데 활용한다.[17]

절대적 고요의 만족감

프리다이빙 세계 챔피언 기욤 네리는 호흡이 몸과 정신에 발휘하는 힘을 누구보다 잘 아는 사람이다. 그는 오랜 훈련을 거쳐 숨을 참은 채 수심 100미터 이상을 내려가는 데 성공했다. 오리발만 착용한 채 수심 126미터까지 내려감으로써 프리다이빙 분야 세계 최고 기록을 수립하기도 했다.

이러한 위업을 달성하려면 육체적·심리적 준비가 필요했다. 기욤 네리는 일종의 겨울잠 같은 극한의 이완 상태에 들어가는 법을 익혔다. 그의 심장은 공기를 가급적 덜 쓰기 위해, 거의 사라지기라도 한 것처럼 느리게 뛴다….

이것이 수심 30미터 이상 내려갈 때 그가 추구하는 몸 상태다. 이 깊이에서는 수압이 워낙 높고 신체 밀도도 높아져서 공들이지 않고도 몸이 아래로 처박힌다. 이때 프리다이버는 힘을 빼고 부동자세로 더 깊이 내려가야 한다. 굉장히 어렵지만 특출난 단계, 기욤 네리의 말마따나 아주 특별한 경험이다.

"굉장히 행복한 기분이 들어요. 이곳은 지구상에서 유일하게 날 수 있는 곳이지요. 나는 날아오르는 느낌을 받아요, 스스로 난다고 느끼죠. 하늘을 나는 것은 내 원대한 꿈 중 하나인데 나는 물속에서 그 꿈을 충족시킵니다."

그것은 시간이 멈추는 순간이자 프리다이버가 절대적 고요에 휩싸이는 찰나다. 프리다이빙을 하는 기욤 네리가 가장 큰 만족감을 느끼는 것은 이 침묵의 경험이다.

몸이 하는 말을 들으라

신체가 침묵을 위한 수혜를 입는 방법은 호흡만이 아니

다. 근긴장이라는 또 하나의 방법이 있다.

여러분은 지금 이 책을 앉아서 혹은 서서 읽고 있을 것이다. 그럼 이제 잠시 눈을 감고 주변의 소음을 무시한 채 몸에 주의를 기울여보자. 그러면 휴식하는 동안에도 근육과 신체 내부에 대한 감각이 남아 있음을 알아차릴 것이다. 예를 들어 여러분은 팔이 다리보다 위쪽에 있다고 느낀다.

이 감각에는 별도의 이름이 있으니 바로 '고유수용감각proprioception'이다. 1906년 이 감각을 발견한 위대한 영국 생리학자 찰스 셰링턴이 명명한 말이다. 이를 근육감각muscle sense 혹은 운동감각kinesthetic('움직이다'를 뜻하는 그리스어 kinein과 '감각'을 뜻하는 그리스어 aisthēsis가 결합된 단어)으로 부르기도 한다.

고유수용감각은 시각, 청각, 후각, 촉각, 미각과 마찬가지로 명실상부한 감각의 일종이다. 단지 외부 자극을 받아들이는 여느 감각들과 달리 내적 감각이라는 차이가 있을 뿐이다. 이 때문에 고유수용감각은 지각하기가 어렵다. 팔다리를 움직이는 동안에는 그것이 어디 있는지 금세 알 수 있다. 반면, 팔다리를 움직이지 않을 때는 내적 감각이 사라지기 쉽다. 게다가 이런 이유로 과학자들은 오랫동안 이 감각을 간과해 왔다.

> 이제 실험을 조금 연장해 보자. 신체의 침묵 상태에 있는 여러분 자신을 계속 관찰한다. 좀 더 주의를 기울이다 보면 신체의 어떤 부분은 다른 부분보다 유난히 수축되어 완전히 힘을 풀기가 어렵다는 사실을 알아차릴 것이다. 예를 들어 얼굴, 어깨 등이 긴장되어 있을 것이다. 사실, 근육에는 가벼운 긴장이 의지와 상관없이 항상 남아 있는데 과학자들은 이를 '근긴장'이라고 한다. 이 다소 안정적인 수축 상태는 신체가 휴식하는 동안에도 자세 유지를 위해 근육에 반드시 필요하다.

하지만 이것은 사실의 일부일 뿐이다. 잔류하는 근긴장은 좀 더 심리적인 요인들, 다시 말해 내면세계와도 직접적으로 연결된다. 부정적 생각, 두려움, 불안, 시기심으로 일부 근육이 직접적 영향을 받는 경험을 한 적이 모두 있을 것이다. 혹은 물리치료사가 "요즘 컨디션이 영 안 좋으시군요. 등이 완전히 굳었어요!"라고 하는 말을 듣기도 했을 것이다. 이로 미루어 근긴장은 뇌의 영향 아래 있음을 알 수 있다. 1908년, 하버드의대 교수 에드먼드 제이콥슨(현 시카고대 교수)은 그 반대도 사실임을 알게 되었다. 근긴장도 감정과 생각에 영향을 미친다.

제이콥슨은 이를 입증하기 위해 당시로서는 첨단 기술이던 근전도를 활용했다. 이는 근육에 매우 작은 전극을 심는 방법으로 미세한 전기 임펄스를 기록한다. 제이콥슨은 근육을 충분히 이완하면 모든 종류의 감정 활성화를 전적으로 예방하고 차단할 수 있다는 놀라운 사실을 발견했다. 그리하여 의학자로서 자신의 작업 전체를 떠받칠 하나의 가설을 내놓는다. 만약 누군가 자신의 근육조직을 완전히 이완하면 불안과 심리적 긴장을 줄이거나 완전히 없앨 수 있다는 가설이다. 제이콥슨은 자신의 의료 행위에 이 원리를 도입하여 이른바 '점진적 이완' 요법이라고 하는 근육 이완 연습을 개발했다. 지금부터 이 놀라운 요법을 소개하기로 한다.

점진적 이완 요법의 위력

이 기법은 단순하다. 근육이 완전히 이완될 때까지 근육에 힘을 줬다 풀었다를 반복하면 정신적 긴장 감소라는 결과로 나타난다는 것이다.[18]

일단 침대에 누워 눈을 감는다. 그 후 규칙적으로 차분하게 숨을 쉰다. 이제 왼손에 주의를 집중한다. 천천히, 아주 천천히 왼손의 근육을 수축시키면서 긴장을 느낀다. 그다음 서서히 왼손의 힘을 푼다. 긴장했을 때와 이완되었을 때의 차이를 느낀다. 그런 다음 왼팔을 구부렸다 완전히 힘을 뺐다를 반복적으로 실행한다. 오른손과 오른팔도 차례대로 연습한다. 골반대, 다리, 발, 목, 얼굴 등으로 주의력의 표적을 다양하게 바꿔도 좋다.

이 연습을 몇십 분 동안 지속하면 각성과 수면의 중간 상태에 들어갈 수 있다. 호흡이 고르게 느려지고 복부까지 내려간다. 되풀이되던 생각이 멈추고 고요함과 안전한 느낌, 안녕감이 자리 잡는다. 연습을 반복하다 보면 그동안 존재하는지도 몰랐던 신체의 긴장을 식별하는 법을 차차

배울 수 있다.

　이 같은 점진적 이완 요법은 어떤 질병에 도움이 될까? 먼저 피부 질환 등 스트레스와 관련된 병에 적용할 수 있다. 피부는 심리적 긴장에 가장 영향을 많이 받는 기관이기 때문이다. 약물과 함께 주로 고혈압, 심계항진, 빈맥 등의 다양한 심혈관계 질환에 활용하기도 한다. 천식 등 일부 호흡기 질환에도 효과가 있다.

　일반적으로 이 요법은 환자에게 정보를 제공하고 이 과정에 적극 참여하게 하는 보완의학 차원에 속한다. 이 요법을 시행하는 전문 센터에 갈 수도 있지만 그러려면 시간에 구애받을 것이다. 그런 만큼 목표는 환자가 집에서 스스로 연습하여 일상에서 심리적 안녕감이 어느 정도 만족스러운 수준에 도달하도록 하는 것이다.

　건강한 사람에게도 점진적 이완 요법은 효과적이다. 나만 해도 정신을 차분히 가라앉히고 불안을 다스리는 데 이보다 좋은 방법을 알지 못한다. 게다가 정신과 신체에 미치는 유익함이 요법 실시 후 몇 시간이 지나도 지속된다는 이점이 있다. 따라서 급격한 스트레스 상황에서 이 요법은

—— 도판 6. 제이콥슨의 점진적 이완 요법은 근육의 수축과 이완을 여러 번 반복하는 것이다. 근긴장 감소는 곧 심리적 긴장의 감소를 의미한다.

대단히 유용하다. 청중 앞에 서야 한다거나 배우, 교사, 대회에 출전하는 운동선수 등의 직업을 갖고 있다면 꼭 한번 시도해 보길 자신 있게 권한다. 아마 여러분도 도가에서 말하는 '무위'를 믿고 따르게 될 것이다. 행동을 준비하기에 가장 좋은 자세는… 아무것도 하지 않는 것이다.

2장

청각적 침묵

"20세기는 소음의 시대다. 진짜 소리, 마음의 소리,
욕망의 소리⋯. 우리는 이 각각에 대해 역사적 기록을
갱신했다. 현대 기술의 위용이란 죄다 침묵과의
싸움에 이바지하는 판국이니 그리 놀라운 일도
아니다."

— 올더스 헉슬리, 《멋진 신세계》

건강 문제를 겪고 나니 소란스러운 환경에서 벗어나 나 자신을 되찾고 싶다는 절박한 욕구가 찾아왔다. '침묵한다'는 게 무엇인지를 완전히 잊어버린 나로서는 충족시키기 어려운 욕구였다. 오히려 소음이 심한 곳에서는 이어폰으로 음악을 들으면서 그런 환경을 차단할 수 있었으니 아이러니하다.

나는 음악 중독자였다. 연구실에서, 대중교통으로 이동할 때, 심지어 침대에 누워서도 잠들기 직전까지 음악을 들었다. 음악은 내겐 세상을 차단하고 안전한 느낌을 확보

하는 수단이었다. 하지만 연속적으로 소리를 제공해 나 자신을 고립시키다 보니 현실에서 침묵을 마주할 때는 매우 견디기가 힘들었다. 나는 침묵을 필요로 하면서도 겁내고 있었다.

이와 연관된 인상적 기억이 있다. 특별한 연주회에 간 경험이다. 그 연주회는 더없이 아름다운 선율조차 의존성을 낳을 수 있으며, 우리 모두가 소리에 얼마나 익숙해져 있는지 깨닫게 해주었다. 연주회의 막이 오르자마자 피아니스트가 무대로 나와 피아노 앞에 앉았다. 그런데 악보를 놓고 건반 덮개를 열더니… 4, 5분이나 연주를 하지 않고 가만히 앉아만 있는 게 아닌가! 그날의 연주곡은 미국 작곡가 존 케이지의 '소나타' 중 하나였는데 악보는 단 하나의 기호만으로 구성되어 있었다. 침묵이라는 솔페주(악보를 모음이나 도레미 음절로 부르는 연습법—옮긴이)였다. 〈4분 33초〉라는 소박한 제목이 붙은 이 작품은 소리를 온전히 떨쳐내려는 시도의 일환이었다. 선불교에서 영감을 받은 존 케이지는 절대적 침묵은 존재하지 않는다는 것을 보여주기 위해 이 곡을 '만들었다'. 주위의 떠도는 소리, 바닥에서 나는 소리, 의자 삐걱대는 소리, 관객들의 속삭임… 그런 것들이 이 곡의 음악 자체를 이룬다.

1952년 초연 당시 존 케이지는 관계자 누구에게도 이 작품을 청중 앞에서 연주한다는 사실을 알리지 않았다. 그랬으니 그가 피아노 앞에 가만히 앉아 있는 동안 신경질적으로 웃는 소리, 못마땅한 웅성거림이 이내 연주회장을 가득 메웠다. 관객들은 농락당한 기분이었겠지만 그건 아마도 그들에게 침묵을 강제하기 위한 하나의 방편이었을 것이다.

사람들은 소리의 부재를 불편해한다. 일례로 소리가 울리는 공간인 엘리베이터에는 대개 밋밋한 음악이 깔린다. 소리는 안심시키고 기운을 북돋우는 역할을 한다. 소리는 삶과 타자들의 존재를 일깨우는 뚜렷한 표시이기 때문이다. 강연자가 아무 언질 없이 몇 초 이상 말을 하지 않고 있으면 청중은 틀림없이 거북함을 느낀다. 일부 라디오 방송국은 6초 이상 '오디오가 비면' 자동 송출되는 프로그램을 구비하기도 했다. 특히 라디오에서는 긴 침묵이 허용되지 않는다. 예전에 라디오 프랑스의 전국 방송 프로그램이 30분 넘게 중단되었을 때[1] 불안해진 청취자들이 무슨 일이냐고 묻는 전화가 방송국에 빗발쳤다.

기억력과 독해력의 적

사실 우리의 실제 삶에서 침묵은 매우 희박해졌다. 휴대 전화는 뻔질나게 알람을 울리고, 자동차 경적, 공사장 소음, 컴퓨터 작동음이 도시인의 생활에 거의 항상 깔려 있다. 말하자면, 침묵은 멸종 위기에 처한 종種이다. 청력 보호에 대한 요구도 점점 늘어나는데 그다지 새로울 것도 없는 현상이다. 이미 기원전 44년에도 율리우스 카이사르는 해넘이부터 해돋이까지 사람들이 교통수단을 이용하는 것을 금지했는데 이는 도시의 소음을 막기 위한 최초의 역사적 조치였다. 중세 도시의 거리는 워낙 좁고, 이렇다 할 방음이라고 할 만한 게 없었으니 소음이 꽤나 심각했을 것이다.

한편, 오늘날 소음의 무소부재에는 대가가 따른다. 지금은 주변 소음이 뇌 기능을 교란할 정도로 높은 수준이다. 한 연구는 뮌헨 공항 건설 이후 인근 학교 재학생들의 기억력과 독해력이 현저히 낮아졌음을 보여주기도 했다.[2] 이 연구 결과는 세 개 국제공항(런던, 마드리드, 암스테르담) 주변 90개 학교 재학생 2000명을 대상으로 한 새로운 연구 조사로 다시 한번 확증되었다. 소음에 노출되면 학업 성취도가 저하될 뿐 아니라 난독증 발생 위험도가 높아지는 것으로 나타났다.[3] 요컨대, 소음은 실제로 인지 능력을 위협할 수 있다.

귀에는 '꺼풀'이 없기 때문에 청력은 언제나, 심지어 잠든 동안에도 당연히 활동 중이다. 수백만 년 전에는 위험을 알리는 청력의 역할이 매우 중요했을 것이다. 원시시대에는 이점이었을 이 능력이 현대인들에게는 고통을 준다. 뇌는 잔잔하게 늘 깔리는 배경 소음으로 피곤해진다. 소음이 존재하는 한 뇌가 경계를 늦추지 못하기 때문이다. 인구가 밀집된 대도시에 사는 사람은 작은 소음에도 짜증이 확 치밀어오르는 경험을 종종 했을 것이다. 이 경우, 의식하지 못한 상태에서 뇌가 '흥분성' 신경전달물질 분비를 촉진함으로써 청력 기관에서 오는 과도한 자극과 싸운다. 소음에 노출되면 코르티솔이나 카테콜아민 같은 호르몬이 과다 분비되는데 앞서 말했듯이 이런 유의 호르몬은 스트레스나 불안 상태에서 나온다.

소음이 사람을 죽인다

먼저 코르티솔에 관해 이야기해 보자. 이 호르몬의 혈중 농도는 밤에 가장 낮고 아침에 가장 높은 것이 정상이다. 그런데 만성적으로 소음에 노출된 사람은 코르티솔 조절 능력이 억제될 가능성이 있다.

어느 연구에서는 기관지염으로 병원을 찾은 어린이 중 평소 야간 소음에 시달린다고 답한 68건을 대상으로 조사를 실시했다.[4] 소리의 강도는 데시벨dB이라는 간단한 척도로 나타낸다는 것을 기억할 것. 인간의 귀는 0데시벨(청력 한계)에서 120데시벨(귀가 아플 정도의 소리)까지 지각할 수 있다. 40데시벨은 한적한 박물관의 배경 소음, 100데시벨은 자동차 경주로의 극심한 소음에 해당한다. 이 연구 조사는 야간에 53데시벨(업무 시간의 사무실 소음 수준)이 넘는 소음에 노출되는 경우 아침이 왔을 때 코르티솔 수치가 비정상적으로 높아진다는 것을 보여주었다. 이렇게 코르티솔 분비가 장기적으로 교란되면 어린이들은 면역력이 떨어지고 특히 기관지염이 악화되었다.

스트레스 호르몬 수치가 높아지면 심혈관계에도 영향

을 미치고 단기적으로 혈압과 심박수를 높인다. 이 사실은 3~7세 어린이 수백 명을 대상으로 한 연구에서 증명되었다.[5] 조용한 분위기의 학교나 가정에서 지내는 아이들은 시끄러운 환경에서 살아가는 아이들에 비해 혈압이 낮고 심장박동이 느렸다.

일상적으로 소음을 경험하고 견뎌야만 할 때 (고혈압이나 심근경색 같은) 심혈관계의 특정 질병에 점진적으로 크게 악영향을 미친다. 국제적 연구 61건을 분석한 결과, 거주지 주변 소음이 60데시벨이 넘어가면 심혈관계 및 심근경색 위험이 높아진다는 사실이 확인되었다.

유럽 환경청 조사에 따르면 유럽 전체에서 소음의 폐해로 때 이른 죽음을 맞이하는 사람이 매년 1만 명이 넘을 정도다…. 심장마비로 사망하는 주변 소음 피해자가 약 6700명, 뇌졸중으로 사망하는 주변 소음 피해자가 약 3300명이다. 예를 들어 파리 같은 대도시에서 2년간 극심한 소음에 노출될 경우 평균수명이 7.3개월 단축된다.[6] 그러니 소음은 사람을 조금씩 말려 죽인다고 해도 과언이 아니다.

소음은, 심각한 질환까지는 아니더라도 수면 장애를 유

발하기도 한다. 45~55데시벨 수준의 소음에서는 입면 장애(잠이 드는 데 어려움)와 피로 회복을 돕지 못하는 수면, 55데시벨 이상의 소음에서는 밤에 자꾸 깨는 수면 유지 장애가 나타난다. 수면 장애는 직업 생활과 개인적 활동에 상당한 지장을 초래해서 만성피로와 낮 동안의 주의력 둔화를 유발하고, 업무 효율을 저하시키며, 어린이들의 학습 성취도를 떨어뜨린다.

이어폰이 파괴하는 것

개인적인 면에서도 소음의 폐해는 주목할 만하다. 소리를 불편해하는 사람일수록 반대로 소리로 자신을 보호하려는 경향을 보이기도 한다. 대중교통 수단이나 도서관 열람실에는 이어폰과 헤드폰을 이용하는 사람이 넘쳐난다. 이어폰 없이는 못 산다는 사람들이 많고 어떤 사람들은 심지어 잠들 때도 이어폰을 꽂기도 한다. 그들은 자신을 차단할 '인큐베이터'를 만든다. 안전하다고 느낄 방법이 그것밖에 없기 때문이다.

오늘날을 대표하는 'Y 세대', 밀레니얼 세대, 디지털 네

이티브 세대가 이 문제와 가장 직결된다. 그들은 아침에 눈 뜨자마자 음악을 틀기 시작해 잠들기 직전까지 온종일 음악을 들으면서 생활한다. 지역 소음 조사 기관 '브뤼 파리Bruit Paris'가 최근 실시한 조사에 따르면 청소년 69퍼센트는 헤드폰을 쓴 채 잠들고[7] 그중 33퍼센트는 하루 여덟 시간 이상 음악 혹은 방송을 청취한다.

과도한 소음에 장시간 노출되면 어떤 일이 일어날까? 명명백백한 사실 하나는 소음 공해가 속귀 달팽이관의 '유모세포有毛細胞'를 파괴한다는 것이다. 이 세포는 한쪽 면에 속눈썹을 연상시키는 돌기가 있기 때문에 이런 이름이 붙었다. 인간은 태어날 때 유모세포를 2만 개밖에 가지고 있지 않고 대체할 수도 없다. 다시 말해 유모세포는 나이가 들면서 점점 감소할 수밖에 없는 초기 자산이고 포유류의 경우에는 재생도 되지 않는다(변온동물은 사정이 다르다). 유모세포는 가는 털로 소리의 진동을 잡아내어 전기 신호로 바꾸고 청신경을 통해 뇌에 전달한다. 이처럼 청력의 기본 구조로서 소리 주파수에 맞춰진 작은 마이크 역할을 하는 것이라고 볼 수 있다. 속귀가 한번 손상되면 돌이킬 수 없는 이유는 이 세포들이 재생은커녕 회복도 되지 않기 때문이다.

청력에 위험을 가하는 소음은 85데시벨 이상으로 추정된다. 90데시벨부터가 이른바 위험 수위다. 이 정도 소음에 노출되면 청력이 처음에는 일시적으로, 그다음에는 영구적으로 손상된다. 극한의 소음에 노출되면 이명耳鳴(귀에서 웽웽거리거나 '쉬익' 하고 바람 새는 소리가 들리는 현상), 귀의 피로, 나아가 장기적으로는 청력 상실을 초래한다.

하지만 80데시벨(교통량이 많은 시내 소음 수준)부터 이미 심각한 청력 손상의 위험이 따른다. 그러니 큰 소리로 음악을 몇 시간 내리 들으면 청력 손상의 가능성이 높아진다. 브뤼 파리의 조사에 따르면 프랑스 청소년들은 벌써 그 고통스러운 경험을 해본 경우가 많다. 조사 대상자의 50퍼센트는 이명을 겪었다고 보고했고, 20퍼센트는 일시적이든 지속적이든 청력이 다소 떨어진 것 같다고 대답했다. 결국 현재 청력에 관한 문제는 더 이상 나이 많은 이들의 전유물이 아니라는 안타까운 결론이 도출된다.

몸, 새로운 소리의 세계

소음의 폐해에 어떻게 대처해야 할까? 한 가지 해독제

가 있는데 그건 바로 침묵이다. 하지만 이 부산스러운 세상 어디서 침묵을 찾는단 말인가? 관광객이 많지 않은 시기에 대성당이나 일본의 사찰을 방문하는 사람은, 경내에 들어서자마자 거의 완전한 침묵에 압도당한다. 강렬하고 예사롭지 않은 경험이다. 간혹 숨이 멎는 듯하다고 느낄 정도다. 이보다 더 완벽한 침묵을 경험할 수 있는 공간이 있다. 이른바 방음실 혹은 '무향실無響室'이라고 하는 곳이다. 무향실은 음파를 흡수하고 울림을 억제하기 위해 벽을 폼블록이나 방음 패널로 덮은 공간이다.

무향실에서만 경험할 수 있는 놀라운 사실이 있다…. 몇 년 전 동료 연구자가 나를 무향실에 데려가 주었는데 처음 발을 들인 순간 기분이 으스스했다. 무향실에서 너무 오래 머무르지 말라는 조언도 들었다. 실제로 뇌는 항상 소리가 풍부한 세계에서 작동하는 데 익숙하기 때문에 이 새로운 환경에서 지표를 잃고 헤매기 십상이다. 뇌가 필사적으로 청각적 정보를 찾기 때문에 청각계가 혹사당하고 신체 전반이 금세 피로해진다.

무향실에서 처음 받은 인상은 예상대로 아주 특별했다. 나는 이내 마음 깊이 평화와 고요, 평온을 느꼈다. 반향이 전혀 없는 곳에서 동료와 대화를 나누자 말소리가 확실히 명쾌하고 또렷하게 들렸다. 정말로 놀라운 일은 그때부터 시작되었다.

불현듯 내 몸속의 소리가 명확하게 들렸다. 완전히 허를 찔린 기분이었다. 폐에 공기가 들고 나는 소리, 심장이 뛰는 소리, 장의 내용물이 이동하면서 내는 꾸르륵 소리, 혈관에서 피가 펄떡대는 소리가 들려왔다. 귀 자체가 내는 '소음'까지 모두 다 들을 수 있었다. 귀는 감각수용 기관인 동시에 소리를 방출하는 기관이기도 하기 때문이다. 이것을 이음향방사(달팽이관의 외유모세포에서 자동 발생하거나 음 자극에 의해 증폭되어 소리 에너지가 발생하는 것 ─옮긴이)라고 한다.

소리를 신경 신호로 바꾸는 기관(달팽이관)은 경동맥 가까이 있기 때문에 맥박에 맞추어 미세한 소리를 방출한다. 고막도 진동하면서 자체적으로 가볍게 부르르 소리를 낸다. 무향실에 들어가면 완전한 소리의 부재를 경험할 줄 알았건만 웬걸, 새로운 소리의 세계가 내 앞에 펼쳐졌다.

존 케이지가 나와 비슷한 경험을 한 것을 계기로 그 유명한 〈4분 33초〉를 썼다는 사실은 나중에 알게 되었다. 케이지는 1951년 하버드대학교 무향실을 방문했는데 그 역

── 도판 7. 존 케이지는 1951년 무향실을 방문했다. 그는 이 공간에서 절대적
침묵을 발견하리라 기대했다. 하지만 실제로는 자신의 신체가 내는 미세한
소리들의 세계가 그의 앞에 펼쳐졌다.

시 완전한 침묵을 듣게 될 줄 알았지만 나와 마찬가지로 자기 몸 내부의 소리만을 들었을 뿐이다. 그리하여 인간에게서든 자연에서든 진짜 침묵은 존재하지 않는다고 결론 내린다.[8] 그러한 사실이 그로 하여금 그만의 방식으로 그토록 많은 소리를 내는 이 작품을 작곡하도록 이끌었던 것이다.

이로운 소리

무향실 체험은 절대적 침묵이 존재하지 않는다는 생각을 충분히 뒷받침해 주었다. 성배聖杯를 찾으려는 기사들의 모험이 허사로 돌아갔으니 이제 전략을 수정해야 한다. 소리를 적으로 간주해서는 안 된다. 이 지점에서 의문이 하나 생긴다. 유익한 소리라는 것도 존재할까? 이를테면 몸과 정신을 편안하게 하기에 적당한 배경음 같은 것? 그런 소리가 실재한다면 진정한 치유 효과를 발휘하는 그 소리를 찾으면 도움이 되지 않을까?

그렇다, 우리를 차분하게 달래주는 소리가 분명 존재한다. 하지만 그 이야기를 하기 전 한 가지 선입견을 깨고 싶다. 여러분 중 이런 생각을 하는 사람도 있을 것이다. 유난히 지치고 힘든 하루였어, 집에 가면 침대에 늘어져 기분 좋은 음악이나 들어야지. 이럴 땐 모차르트의 〈두 대의 피아노를 위한 소나타 D 장조 K. 448〉이 최고야. 나는 이 곡을 무작위로 선택한 것이 아니다. 음악이 신체에 미치는 효과를 연구하는 학자들은 일반적으로 이 곡의 청취를 기준으로 삼는다.

이 소나타를 들으면 인지 기능이 향상된다느니[9] 건강에 도움이 된다느니[10] 하는 연구가 다수 있었다. 특히 혈중 콜레스테롤과 중성지방을 낮추고 심박수와 혈압을 떨어뜨린다고 하니 얼마나 유용할 것인가. 요컨대 과학 서적들마저 여러분의 반응을 정당화하는 듯 보인다. 그러나 이탈리아 심장의학자 루치아노 베르나르디[11]는 이러한 주장을 뒤엎는다. 그는 모차르트의 소나타보다 단 2분의 침묵이 더 뚜렷한 효과를 낸다는 것을 입증했으며 유감스럽게도 이것이 진실이다. 음악은 딱히 이완을 돕는다고 볼 수 없고, 최근의 연구들은 오히려 건강에 미치는 '모차르트 이펙트'의 타당성을 재고하는 추세다.[12] 이른바 '치유하는 음악'이란 상업적 문구에 불과하다고 할 수 있다.

지적 작업에도 마찬가지 원리가 작용한다는 것은 선험적으로 알 수 있다. 시험공부를 하거나 리포트를 쓸 때 음악을 들으면 과연 집중하는 데 도움이 될까? 나는 대학교 도서관에서 수많은 학생들이 이어폰이나 헤드폰을 착용한 모습을 보며 놀라곤 한다. 다소 단순하고 반복적인 작업을 할 때는 가요나 클래식 음악이 자극이 되고 피로감을 덜어주는 게 사실이다. 그러나 집중적인 뇌 활동을 할 때는 그러한 이점이 죄다 사라진다.

미국 메릴랜드대학교 학생들을 대상으로 한 실험은 이 사실을 증명해 주었다.[13] 피험자들을 여러 가지로 조건을 다르게 해서 수학 문제를 풀게 했다. 문제의 성격도 다양했고 음악의 종류나 음량도 그때그때 달라졌다. 결론은? 이 학생들의 시험 성적은 조용한 곳에서 문제를 푼 비교 집단에 한참 못 미쳤다. 여기서 얻을 수 있는 교훈. 공부를 잘하고 싶다면 지금 당장 이어폰을 뺄 것!

자연의 소리

이제 결론을 내릴 차례다. 몸과 마음에 유익한 청각적

환경은 어디에 있을까? 그 답은 무척 놀랍다. 그런 환경을 찾아 깊숙한 동굴에 처박힐 필요가 없고 산꼭대기 암자나 수도원에 들어가지 않아도 된다. 숲을 한 바퀴 산책하는 것으로 충분하다. 모두가 해보았을 익숙한 경험이지만 그 진정한 효용을 누릴 줄 아는 사람이 과연 몇이나 될까?

> 일요일에 숲으로 산책을 나가거든 귀를 잘 기울여보라. 처음에는 주위가 조용하다고만 느낄 것이다. 하지만 이내 미세한 소리들이 귀에 들어온다. 스쳐 지나가는 잎사귀의 부스럭거림, 나뭇가지 부러지는 소리, 곤충이 날아다니는 소리, 새들의 지저귐, 바람의 속삭임…, 다시 한번 확인할 수 있는바, 자연의 침묵은 소리들로 가득 차 있다.

과학을 통해서, 평정심을 되찾고 긴장을 풀며 재충전을 하기에 이 자연의 침묵보다 좋은 것은 없다는 사실이 입증되었다. 최근 한 연구에서는 자연과 도시(대형 쇼핑몰)라는 두 가지 환경에서 걷기의 유익함이 어떻게 달라지는지 비교했다. 자연에서 산책을 즐긴 사람들 71퍼센트는 우울감 수치가 떨어졌지만 쇼핑몰에서 걸어 다닌 사람들 가운데

이 수치가 떨어진 비율은 45퍼센트밖에 되지 않았다. 또한 자연 속에서 걷기를 실천한 사람들 90퍼센트는 자신감이 향상되었으나 도시 산책자의 경우는 이 비율이 44퍼센트에 불과했고 오히려 자신감을 잃었다는 사람들도 있었다.

자연의 외적 침묵은 차분한 상태로 이끌고 이로써 뇌가 효과적으로 재생될 수 있다.

'산림욕'은 바로 이 원리에 바탕을 두고 있다. 전혀 어렵지 않으며 아주 쉽게 실행할 수 있는 방법이다.

휴대전화를 끄고 나무가 많은 숲으로 산책하러 가보자. 초록 수풀과 땅바닥을 눈여겨보고, 새소리, 바람 소리에 귀를 기울이자. 상쾌한 공기를 들이마시고, 나무껍질의 거칠거칠한 감촉을 느껴보자. 한마디로, 자연환경에 주의를 기울여보자.

산림욕을 자주 하면 심박수와 혈압이 낮아지고 면역력이 좋아진다는 것은 확인된 사실이다.[14] 일주일에 이틀만 산림욕을 해도 그 생물학적 유익함이 한 달가량이나 지속된다. 토요일과 일요일 이틀간 산림욕을 하면 4주간 감기나 그 비슷한 감염병에 걸릴 확률을 낮출 수 있는 것이다.

문제를 해결하려면 숲으로!

자연의 침묵에는 또 다른 미덕이 있다. 그 침묵은 창의력을 북돋운다. 캔자스대학교 루스 앤 애츨리(현 사우스 플로리다대학교 교수)와 데이비드 스트레이어(현 유타대학교 교수)는 어려운 문제가 있을 때 산림욕을 함으로써 해결에 도움받을 수 있음을 보여주었다.[15] 이 연구에서 피험자들은 나흘간 휴대전화나 태블릿을 일체 쓰지 않고 자연에서 하이킹을 했다. 그렇게 길을 걸으며 여행하는 동안 창의력이 필요한 복잡한 도전 과제에 해결책을 찾으라고 요청받았다. 과연 어떤 결과가 나왔을까? 다른 데 주의력을 빼앗기지 않고 오로지 자연에 몰입한 피험자들은 문제 해결 능력이 50퍼센트나 향상되었다.

일본에서 산림욕이 인기 있는 건 당연하다. 국토 3분의 2가 산림으로 뒤덮여 지리적으로도 적합하기 때문이다. 일본인들은 깨어 있는 시간 대부분을 화면을 들여다보며 지낸다(프랑스인의 삶도 더 낫다고 할 수 없지만). 최근 조사에 따르면 일본 고교생은 평균 일곱 시간을 휴대전화 이용에 소모하는데 이 수치는 세계 최고 수준이다. 일본에서 산림욕은 이 같은 과도한 기술의 소비에 대처하는 간단하고 효과적인 요법이다. 현지 의료 당국뿐만 아니라 예방의학자들도 산림욕을 적극 장려한다.

나무 한 그루를 통한 회복

자연의 침묵이 이완 효과가 있음은 분명하지만 과연 치료 효과도 있을까? 1984년 미국 연구자 로저 울리히는 이 주제에 대한 연구 결과를 저명한 학술지 〈사이언스〉에 발표했다.[16] 울리히는 청소년기에 신장병으로 몇 주 내내 누워서 지내야 했는데 당시 창밖에 보이던 커다란 나무 한 그루가 깊은 위안이 되었다. 자신의 경험으로 인해 그는 환경이 회복 가능성에 어떤 영향을 미치는지 생각해 보게 되었다. 울리히는 성인이 되어서도 그 문제에 열중했고 미국의 여러 병원을 둘러보면서 개복수술을 받은 환자들이 입원해 있는 병실의 전망에 관한 정보를 수집했다. 통계 결과는 과연 주목할 만했다. 회복기에 자연 풍경을 조망할 수 있었던 환자들이 삭막한 건물 벽만 바라본 환자들에 비해 예후가 훨씬 좋았다! 전자는 진통제를 훨씬 덜 맞았고 평균 하루 정도 먼저 퇴원할 수 있었다.

이 선구적 연구 이후, 자연과 가까운 생활이 건강에 어떤 영향을 미치는지 확인하는 연구들이 다수 나왔다. 그중에는 재소자들의 사례를 들여다본 연구도 있었다.[17] 이에 따르면 독방 수감자 가운데 녹지를 볼 수 있었던 재소자는 그러지 못한 사람들에 비해 의무실 이용 횟수가 현저히 적었다. 이 같은 연구 결과들이 일반화되면서 오늘날 자연을 가까이하면 (단순히 전망만 즐기더라도) 임상적으로 안녕감을 느끼고, 증상 완화에 도움을 받으며, 생물학적으로도 혈중 코르티솔 수치와 혈압, 심박수가 떨어진다는 것은 과학적 사실로 간주된다.

인생이 힘든 시기일수록 사람들이 자연을 가까이하려는 경향을 보이는 데는 단지 심리적 이유만 있는 것이 아니다.

자연의 작은 소리들

자연은 어떻게 이토록 유익한 작용을 할 수 있을까? 지금으로서는 그 정확한 이유를 알지 못하기에 이런저런 가설이 제기된다. 그것은 자연에서 경험하는 전반적 고요함 때문일까? 아니면 특정한 감각이 자극을 받기 때문일까? 사실 자연은 무한한 소리와 음미할 만한 요소들, 시각적 자극들로 구성되어 있다. 우리는 자연을 이루는 요소들을 보고, 듣고, 냄새로 감지하고, 촉감으로 느낀다. 그리고 이 모든 느낌은 신체적·심리적 안녕감에 영향을 미칠 수 있다. 특히 냄새가 건강에 강력한 영향을 미치고 불안을 낮춘다는 사실을 입증하는 임상 실험 결과가 점점 늘어나는 추세다.[18] 가령 치과 대기실에 라벤더나 오렌지 에센셜 오일을 뿌려두면 환자들의 두려움이 완화되고 기분이 나아진다는 실험 결과가 있다.[19]

관련된 모든 감각 중에서 청각은 특히 과소평가되는 경향이 있다. 하지만 자연과의 관계에서 냇물이 졸졸 흐르는 소리, 나뭇잎을 스치는 바람 소리, 나뭇가지가 우지끈 부러지는 소리 등 소리가 중요한 역할을 하는 것만은 분명하다. 저마다 다른 소리들에는 하나의 공통된 속성이 있는데 이른바 ASMR(자율감각쾌락반응autonomous sensory meridian response)이라는 생리적 현상을 일으킨다는 점이다. 이 생소한 명칭은 특정한 청각 자극에 대한 반응으로 두피나 신체 말단이 살짝 따끔거리거나 오싹하는 듯한 기분 좋은 느낌을 가리킨다.

이러한 현상을 불러일으키는 '미세한 소리들'은 참으로 많다.[20] 나지막하게 속살대는 목소리, 독서를 하며 책장을 넘기는 소리, 무언가의 표면을 손톱으로 톡톡 치는 소리…. 이때 몸에서 일어나는 반응은 음악적 '전율', 다시 말해 감동적인 음악을 들을 때 나타나는 생리적 반응과 매우 흡사하다. 이 같은 청각적 쾌감은 기본적으로 뇌가 강렬한 쾌감을 느낄 때 분비하는 신경전달물질인 도파민 분비와 관련이 있다.[21]

아직 과학적으로 측정되지 못했고 개인차도 크지만 ASMR은 엄연히 실재하는 현상이다. ASMR을 체험한 사람들은 그런 종류의 소리를 들으면서 강력한 이완 효과를 경험했다고 증언한다. 인터넷에서 한창 유행이므로 'ASMR'을 검색하면 사람의 목소리나 다양한 사물을 이용해 소리를 제작하는 'ASMR 아티스트'들을 쉽게 찾을 수 있는데 구독자만 해도 수억 명에 달한다.[22] 하지만 ASMR 기법의 효과를 체험하려고 굳이 인터넷에 접속하지 않아도 된다. 그저 숲길을 걷는 것으로도 충분하니까!

소로와 함께 침묵을

 결론적으로 자연과의 접촉은 실질적인 치료 효과가 있다. 앞서 인용한 연구 결과들은 바이오필리아 개념, 다시 말해 "생명과 살아 있는 세계에 대한 사랑"[23]이 실제로 유효하다는 사실을 뒷받침한다. 바이오필리아 운동을 지지하는 사람들은 생활공간이나 자신들이 소비하는 상품에 자연의 요소들을 최대한 통합하여 안녕감을 증진하고자 한다.

 이러한 흐름의 개척자 중 한 사람이 미국 작가 헨리 데이비드 소로(1817~1862)였다. 자연이야말로 인간이라는 종 種의 신체적·정신적 건강에 필수적 원천이라는 신념이 그의 작품 세계 전체를 관통한다. 소로에게 그것은 그저 추상적 관념에 그치지 않았다. 그는 장 자크 루소를 본보기 삼아 매사추세츠 어느 숲속 오두막집으로 거처를 옮기고 몇 년을 그곳에서 지냈다. 그는 사람들과 동떨어진 이 은거지에서 검박하게 살며 자연을 마주하고 느끼는 경이를 일기에 남겼다.[24]

 소로의 빼어난 책에서 한 가지 생각만 가져와 여기에 소개하면, 자연의 소리를 들을 때 우리는 우리 자신과 마주하게 된다는 것이다. 한적하고 조용한 곳으로 피신한 사람이라면 누구나 부산하고 혼란스러운 일상에서는 들리지 않던 사유와 감정을 발견할 수 있다. 소로는 그러한 생각을 옹호함으로써 위대한 관조의 전통에 합류했다. 까마득한 옛날부터 자연 속에서는, 즉 산꼭대기와 사막, 섬 등지에서는 철저하게 '침묵'을 지켰다. 그리스도교 초기의 사막 교부, 은수자, 불교 승려, 그 밖의 다양한 영성의 전통에서는 항상 자연을 관조와 지혜를 수양하기에 이로운 곳으로 여겼다. 일례로, 프랑스 그르노블 지역 알프스의 그랑드 샤르트뢰즈 봉쇄수도원은 이러한 침묵의 가르침을 행하는 곳이다.

나는 시골 사람들이 부럽다. 그들은 자연의 빛과 소리를 누리고 싶을 때 그저 창문을 열면 된다. 하지만 나는 도시에 살고 있다. 도시인은 무얼 할 수 있을까? 도시의 길모퉁이에도 소리의 에덴동산이 존재한다. 녹음을 볼 수 있는 도시의 공원, 거리의 소음을 멀리할 수 있는 나무가 우거진 광장, 식물들이 울창하게 자라는 테라스 등에서 우리는 잠시 침묵 속에 고립될 수 있다. 내가 강조하고 싶은 것은 침묵은 범상치 않은 현실도, 한 줌 은둔자들에게만 허락된 초자연적인 그 무엇도 아니라는 점이다. 침묵은 어디서나 찾을 수 있다. 그냥 귀를 기울이기만 하면 된다. 여러분은 어떤가? 당신이 가장 마지막으로 침묵 요법을 실시한 때는 과연 언제였는가?

3장

주의력의 침묵

"이제 그들은 휴식을 부끄러워한다. 장시간 명상만
해도 자책을 할 정도다. 손목시계를 밥 먹듯 확인하고
시선은 증권가 소식에 못 박혀 있다. 그들은 뭔가를
'놓쳐버릴까 봐' 끊임없이 두려워하는 사람들처럼
살아간다. 뭐라도 하는 것이 아무것도 하지 않는
것보다는 나으니까."

— 프리드히리 니체, 《즐거운 지식》

　

나는 몇 년간 오픈스페이스에서 일한 적이 있다. 이런
공간구성이 대세가 된 것은 조직 구성원들이 물리적으로
가까워지고 의사소통이 원활해지면 생산성을 높일 수 있
다는 인식 때문이었고 연구소들도 재계의 흐름을 따르는
것이 유행이었다. 하지만 나로서는 그러한 업무 환경이
마치 지옥 같았다. 나는 20제곱미터 공간을 동료 다섯 명
과 함께 썼는데 내 책상은 그 한복판에 있었고 바로 옆에
서 사람들이 시도 때도 없이 지나 다녔다. 나는 전화 통화,
프린터 소음, 스피커 속 컨퍼런스 콜(셋 이상이 전화로 하는 회

의—옮긴이), 음악 소리나 웃음소리에 고스란히 노출되었다. 업무 공간이 전반적으로 시끄러웠기 때문에 결국 저마다 점점 더 언성을 높이지 않을 도리가 없었다. 가장 큰 문제는, 걸핏하면 동료가 뭔가를 물어보거나 말을 거는 바람에 업무 흐름이 끊기는 것이었다.

처음에는 나한테 문제가 있겠거니 했다. 집중력이나 소음에 대한 내성에 개인차가 있음은 부정할 수 없다. 하지만 머지않아 동료들도 같은 문제로 골머리를 앓고 있음을 알게 되었다. 그들은 갈수록 이어폰과 헤드폰에 의지하게 되었다. 그것이 외부 소음에 방해받지 않고 주의를 집중할 수 있는 유일한 방법이었기 때문이다.

우리가 겪은 고난은 결코 예외적 사례가 아니었다. 일반적으로 소음은 오픈스페이스의 가장 큰 골칫거리다. 최근의 한 조사에 따르면[1] 프랑스인 열 명 중 여섯은 업무 공간에서 소음 때문에 고통을 받는다. 이렇게 불편함을 겪으면 직접적 생산성 저하로 이어진다. 경제 활동 중인 프랑스인 가운데 소음 공해로 인해 하루 30분 이상 작업 시간을 허비하는 사람이 600만 명으로 추산된다. 이를 기업 매출액으로 환산하면 연간 230억 유로를 잃어버리는 셈이니 어마어마한 수치다.

뇌가 헐떡거릴 때

청각적 환경이 집중력에 미치는 영향은 더 광범위한 문제의 일부분일 뿐이다. 소음은 주의력을 분산시키는데 이 문제의 해결책 역시 뇌를 쉬게 하는 것이다. 달리 말해 우리에겐 '주의력의 침묵'이 필요하다. 직장 스트레스를 연구하면 많은 사실을 알 수 있다. 우리가 살아가는 디지털 시대에는 디지털 통신이 이러한 스트레스를 발생시킨다. 이메일, 문자, 소셜 네트워크는 작업 환경에서 끊임없이 겪는 소음에 해당한다. '전자 목줄'이라는 용어를 쓰는 전문가들도 있는데 스트레스를 받으면서도 이러한 수단을 쓰지 않을 수 없는 근로자들의 감정을 표현하기에 적합한 말이다. 근로자들은 디지털 도구들을 언제 어느 때라도 위계질서에 순응토록 강제하는 일종의 족쇄로 여긴다.

보통의 직장인이라면 이메일을 관리하는 데만 업무 시간의 상당량을 할애해야 한다. 이러한 디지털 과부하에 직면한다면 어떻게 행동해야 좋을까? 이 같은 템포를 따라

—— 도판 8. 작업장의 소음 수준은 작업 인력의 집중력을 저해한다. 이 당연한
   사실은 2010년에 실험으로 입증되었다. 미국인 연구자들은 연구소 내 오픈
   스페이스에 각기 시끄럽거나 차분한 작업 환경을 조성했다. 시끄러운 작업
   환경에서는 확실히 업무 성과가 저해되고 과로했다고 느끼는 것으로 드러
   났다.[2]

가지 않을 수 없는 우리는 이 일에서 저 일, 메일 알람에서 문자 알람을 숨가쁘게 오간다. 캘리포니아대학교 글로리아 마크[3]는 오픈스페이스에서 일하는 사람은 평균 11분마다 다른 작업으로 넘어가고 그나마 작업을 하다가도 방해를 받는 경우가 거의 60퍼센트나 된다는 연구 결과를 내놓았다! 게다가 이렇게 업무가 중단되었다 다시 집중력을 발휘하기까지는 약 25분이 소요되었다.[4]

이런 시간이 누적되면 근로자는 이른바 '인지 과부하'를 경험하고 안녕감이 저해된다. 마치 뇌가 헐떡거리며 피로감을 호소하고 피가 마르는 듯 괴롭다. 이 같은 상태가 지속되면 필연적으로 심각한 직장 스트레스로 이어진다. ORSE(기업의 사회적 책임 연구소)의 2011년 발표에 따르면 프랑스 기업의 관리자 70퍼센트가 극심한 직장 스트레스에 시달리는 실정이다.

적절한 스트레스, 과도한 스트레스

과도한 스트레스는 당연히 업무 수행에 악영향을 미친다. 시험을 칠 때 압박감 때문에 추론 능력이 떨어지거나 아예 머릿속이 하얘지는 학생도 있다. 스포츠에서도 비슷한 상황이 벌어진다. 경기가 마음대로 풀리지 않아서 스트레스를 받은 선수는 명철한 판단력을 상실하고, 더 이상 제대로 생각할 수가 없어서 상황에 부적합한 자동 반응을 일으키며 스스로의 추락을 가속화한다. 2차 세계대전 기간, 일부 전투기 조종사들은 잘 훈련받은 엘리트였음에도 전장의 화염 속에서 말도 안 되는 치명적 실수를 범했다. '당황하다', '머릿속이 아득해지다', '미쳐서 돌아버리다' 등등 이러한 현상을 묘사하는 다양한 표현들이 있다.

그렇다고 스트레스가 반드시 성과를 가로막는 것만은 아니다. 과하지 않은 적절한 스트레스가 오히려 필요할 때가 있다. 이 예민한 균형의 발견은 1908년으로 거슬러 올라간다. 미국 심리학자 존 D. 도슨과 로버트 M. 여키스는 스트레스 상황 속 생쥐들의 학습을 연구하여 저 유명한 거꾸로 된 U자 곡선(여키스·도슨 법칙[5])을 발견했다.

이 곡선은 스트레스 수준과 성과 사이에 특별한 법칙이 있음을 보여준다.(도판 9) 처음에는 압박이 강할수록 인지적 성과도 올라간다. 그러다 최적 지점을 찍고 나서는 지나친 동기부여 혹은 스트레스가 성과를 저해하고 나중에

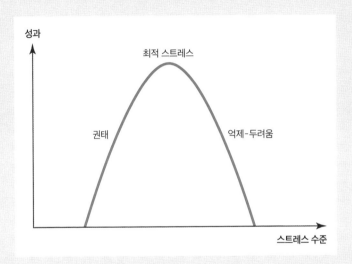

도판 9. 미국 심리학자 도슨과 여키스가 연구한 스트레스 수준과 성과의 관계. 스트레스가 비교적 가벼울 때는 성과가 좋아진다. 그러나 임계점을 넘은 스트레스는 수행 능력을 떨어뜨리거나 완전히 망가뜨린다.

는 완전히 무너뜨리는 상황을 야기한다.

지적 수행 능력의 취약성은 또 다른 연구의 주제가 되었다. 그중에는 주어진 과제에 장시간 몰두할 때 겪는 어려움에 초점을 맞춘 연구도 있었다. 1950년 영국 심리학자 노먼 맥워스는 영국 왕립 공군에서 레이더 화면으로 항공기를 계속 주시해야 하는 요원들의 경계심(다시 말해 주의력의 강도)에 대해 최초로 연구한 사람이다. 레이더 모니터링은 장시간 주의력을 유지해야 하는 고된 작업이다. 맥워스는 아주 단순하면서도 이 분야의 참조 기준이 될 만한 실험을 개발했다. 그가 설치한 벽시계는 초침이 정상적으로 움직이다가 갑자기 한꺼번에 두 칸씩 움직이곤 했다.

연구진은 피험자들에게 벽시계를 보고 있다가 뭔가 비정상적인 상황이 발생하면 즉각 알릴 것을 지시했다. 장시간 하려면 귀찮을지는 몰라도 그다지 어려운 과제는 아니다. 그런데 불과 30분이 지나자 피험자들의 경계심이 현저히 무너지고 오류가 누적되었다. 이후 여러 개인을 대상으로 같은 실험을 반복했는데 그 결과도 비슷했다. 이처럼 피로는 겨우 몇십 분 만에 주의력을 분산시키고 성과를 급격히 떨어뜨린다. 그러나 우리가 늘 이러한 변화를 인지하는 것은 아니다.

뇌 구조의 최상위 단계

극도의 스트레스 상황에서 성과가 악화된다는 사실은 수십 년 동안 과학자들의 흥미를 끌었다. 그러나 신경 영상 기법이 발전한 1990년대 후반에야 이 문제의 실제적 진전이 찾아왔다. 이때부터 연구자들은 전전두피질이 특히 스트레스에 민감하기 때문에 이러한 결과가 발생한다는 것을 이해하게 되었다.

두개골 앞쪽에 위치한 전전두피질은 뇌 구조에서 최상위 단계를 차지한다.(도판 10) 전전두피질은 고도의 사유, 인성, 행동 기능에 관여한다. 이른바 높은 수준의 인지 과정인 실행 기능들 일체가 여기에 자리 잡고 있다. 이러한 기능들은 필요에 따라 자동 행동 루틴에서 벗어나 환경에 적응하도록 해준다. 종합하면 전전두피질은 수행할 작업에 따라 무엇이 중요하고 중요치 않은지 결정하고, 이 정보를 필요한 시간만큼 기억에 붙잡아놓는다. 따라서 이 영역은 지적 작업과 집중력에 핵심 역할을 한다.

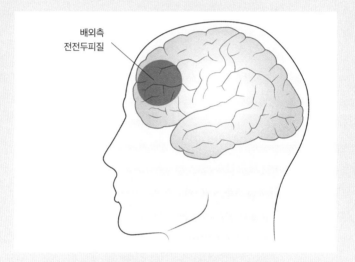

배외측
전전두피질

—— 도판 10. 전전두피질은 고도의 사유, 인성, 행동 기능에 관여한다. 이 영역은
    집중력을 발휘할 때 특히 활성화되는데 뇌 활동이 길어지면 세포에 저장된
    에너지원이 고갈되어 정신적 피로감을 느낀다.

전전두피질이 손상된 환자들이라면 동일한 작업에 장시간 주의를 집중하는 것이 그 어떤 일보다 힘들다. 감각 차원의 아주 사소한 사건만으로도 그들은 자신이 무슨 일을 해야 하는지, 무엇을 찾고 있는지 잊어버린다.

집중력을 발휘하고 있는 사람의 전전두피질에서는 어떤 일이 일어날까? 첫 번째 변화는 혈액 흐름의 변화인데 이는 뇌 활동이 에너지를 엄청나게 잡아먹기 때문에 생기는 현상이다. 해당 부위에 혈액을 보내어 필요한 곳에 산소와 포도당을 제공하는 혈관이 에너지 공급을 담당한다. 구체적으로 말하면, 뉴런의 요청이 강해지면 국소 모세혈관이 팽창하면서 평소보다 혈액을 많이 공급한다. 혈중 포도당은 혈액뇌장벽을 통과하여 뉴런에 결합하며 여기서 ATP(아데노신 삼인산)이라는 에너지 전달물질을 생성한다.

평소에 하지 않는 실수를 하다

신경 활동이 길어지면 세포에 저장된 에너지는 결국 고갈되고 만다. 이때 생리적 기능은 느려지고 정신적 피로를 느낀다. 그런데도 피로를 무릅쓰고 뇌 활동을 지속해 나가면 전전두피질의 모든 기능이 변질되고 뇌에는 '자극적인' 화학물질, 다시 말해 신경전달물질이 넘쳐나게 된다. 이 물질은 화학적 형태의 정보를 이 뉴런에서 저 뉴런으로 전달한다. 노르아드레날린은 이러한 신경전달물질 중 하나이며 일반적으로 새로운 것에 마음이 끌릴 때 분비된다(우리가 "와우, 멋진데!"라고 감탄사를 내뱉는 건 이 물질의 작용 덕분이다).

반면, 스트레스 상황에서는 노르아드레날린 수치가 너무 높아져서 원래는 가만히 있어야 할 다른 신경전달물질 수용체들까지 활성화된다. 그런데 이 수용체들의 개방성은 뉴런 방전을 억제한다. 이러한 오작동의 첫 번째 결과는 뉴런의 시냅스 전달 효율성이 떨어지는 것이다. 두 번째 결과는 뉴런이 아예 일시적으로 전기 임펄스를 방출하지 못하게 되는 것이다. 간략히 말해 스트레스가 작용하면 노르아드레날린이 과디 분비되어 전전두피질을 차단하고 실행 기능을 저해함으로써 단기적 목표와 습관적 행동에 치우치는 정형화된 반응을 낳는다.[6]

주체는 이러한 상태를 어떤 식으로 경험할까? 실행 시스템의 통제권을 잃어버린 상황이라 집중력을 발휘하고 적절한 정보를 기억에 붙잡아두기 어려워진다. 그의 주의력은 어느 하나에 고정되지 못하고 이리저리 떠돈다. 따라서 평소라면 하지 않았을 실수를 저지른다. 그러다 보니 힘은 힘대로 들고 성과는 별로 없어 좌절감에 빠진다. 이때부터 자동 작동에 가까운 모드로 후퇴한다.

이것이 바로 뇌에서 스트레스가 나타나는 양상이다. 싸워야 할지, 도망칠지 결단을 내려야 할 긴급 상황이라면 이 같은 원초적 행동 레퍼토리가 활성화되는 것은 분명 득이 된다. 그러나 집중적인 지적 노동으로 정신적 과부하 상태에 이르렀을 때는 그러한 반응이 적절치 않다.

뇌가 소진될 때

'주의력의 소음'이 지속되어 장기간 스트레스에서 벗어날 수 없으면 어떤 일이 벌어질까? 만성 스트레스 상황에는 번아웃의 위험이 늘 도사린다. 이는 요즘 들어 중요한 사회적 쟁점이 되고 있다. 현재 전체 근로자 중 4~7퍼센트는 심각한 번아웃 상태에 놓여 있다. 그 결과, 기업은 인적자원 측면에서 대가를 치르고 재정적 손해도 감수해야 한다. 병가, 결근, 우울증, 회사 조직 부적응으로 인한 어려움…. '번아웃burn-out'이라는 단어는 근로자들이 겪는 개인적 비극을 참으로 적절하게 표현한 말이다. 말 그대로 소진消盡된다는 뜻으로 태울 수 있는 것은 모두 태우며 사그라들고 소멸한다는 의미다. 항공학에서 말하는 번아웃은 연료 고갈로 인해 로켓의 엔진이 과열되고 손상될 위험에 놓이는 상태다.

이 용어는 1974년, 미국 정신의학자 허버트 프로이덴버거가 처음으로 심리학에 도입했다.[7] 당시 뉴욕에서 마약 중독 치료로 유명한 병원의 원장이던 프로이덴버거는 간호 인력 상당수가 1년 정도 근무하고 나면 의욕 저하에 시달리며 업무 이동이나 이직을 원하고 피로, 두통, 소화기 장애 같은 신체화 증상을 겪는 것을 숱하게 목격했다. 아무리 에너지를 쏟아부어도 마약중독자들의 치료 효과가 기대한 만큼 나타나지 않다 보니 간호사들이 나가떨어질 수밖에 없다는 것이 그의 판단이었다. 간호사들은 일에서 만족감을 얻지 못했고 결국 자기 노동의 가치에 회의감을 느꼈다. 프로이덴버거는 병원 의료진을 관찰한 이 현상을 연소에 비유했다.

—— 도판 11. 직장에서 만성 스트레스에 시달리는 근로자는 번아웃에 빠지기 쉽다. 가장 먼저 나타나는 징후는 감정의 침식이다. 번아웃에 빠진 사람은 정서적 자원이 완전히 바닥났다고 느낀다. 그다음 징후는 자아 상실로, '자기 자신'으로서 살아가면서 상황을 컨트롤하는 것이 불가능하다고 느낀다.

복잡다단한 이 업계에서 살아가며 겪는 긴장감 때문에 그들의 내적 자원은 마치 불꽃의 연료처럼 소진되고 종내에는 정신적 내면이 텅 비어버린다.[8]

기분과 감정을 통제할 수 없다

번아웃을 겪는 사람의 뇌에서는 어떤 일이 일어날까? 그 답을 구하고자 인턴 의사들을 대상으로 뇌 영상을 촬영한 연구가 있다. 프로이덴버거의 병원 인력이 그랬듯이 인턴 의사들의 업무 환경도 번아웃 위험이 매우 높다.[9] 그중에는 의사가 되는 것이 자신의 '소명'이라 믿는 사람들도 있는데 이들은 스스로에게 강한 동기부여를 하며 성공하려는 욕망도 크다. 그럼에도 대부분이 병원 윗사람들의 압박, 무리한 일정, 강도 높은 업무에 시달린다. 이 연구는 심각한 감정적 문제를 겪는 피험자들에게서 특히 두 가지 증상이 두드러지게 나타났다고 보고했다.

첫 번째 징후는 자기 자신의 감정조차 잘 느끼지 못할 정도인 감정의 침식이다. 번아웃에 빠진 사람들은 정서적 자원이 완전히 바닥났다고 느끼고 주위 세계에 무감각해진다. 따라서 타인에 대한 공감 능력을 눈에 띄게 상실한다. 환자나 동료 의료진에게 부정적 태도(조바심, 짜증, 냉소, 환자들이 겪는 괴로움에 대한 과소평가 등)를 보이며 무관심, 냉담, 퉁명스러움으로 일관한다.

두 번째 징후는 자아 상실이다. 이들은 '자기 자신'으로 살아가고 상황을 컨트롤한다는 기분을 좀처럼 느끼지 못한다. 개인적 일을 도모할 수 없는 상황도 한몫한다. 이들은 자신의 일을 평가절하하고 스스로가 쓸모없고 비효율적이며 무능하다고 느낀다.

뇌 수준에서 이 두 가지 증상은 기분과 감정 관리에 관여하는 뇌 영역의 활동 장애로 나타난다. 전전두피질 활동의 위축을 익히 예상할 수 있으며 이는 사실로 드러났다. 앞서 보았듯이 전전두피질은 계획과 의사 결정에 중요한 역할을 한다. 번아웃에 빠진 사람은 '벼랑 끝에 서 있는' 듯 느끼므로 새로운 계획 수립은 엄두도 못 내는 것이 당연하다. 이러한 기능 장애는 전전두피질이 뇌의 다른 중추들에서 촉발되는 감정 반응을 해석하는 데 지장을 준다. 결과적으로 이들은 감정을 잘 관리하지 못하고 합당한 결정을 내리는 것을 어려워한다.

문제는 이게 다가 아니다. 연구진은 감정이입, 연민, 자기애와 관련된 뇌 회로의 활동이 감소한다는 사실도 관찰했다. 이처럼 주의력의 소음은 뇌에 극단적 영향을 미친다. 장기간 혹사한 근육은 힘이 빠져 더 이상 사용할 수 없을 정도로 위축되고 만다. 번아웃 상태의 뇌도 지친 근육과 흡사하다.

여러분의 뇌는 쉬어야 합니다

주의력의 소음에는 어떻게 대응해야 할까? 생물학자들은 한 가지 확실한 팁을 알려준다. (몸 전체도 마찬가지지만) 뇌는 에너지의 소비와 재생 주기를 번갈아가며 작동하도록 설계되어 있다.[10] 마치 배터리를 충전해 가면서 쓰듯이 뇌의 효율을 위해서는 고도의 집중력이 필요한 활동 기간과 아무것도 하지 않고 쉬는 휴식 기간을 번갈아 가져야 한다. 휴식은 어떻게 뇌를 재생시키는가? 이 간단한 질문은 생물학의 가장 큰 미스터리였고 과학자들은 오랜 세월 이에 대해 연구했다. 최근 들어 중대한 발견이 있었고 연구자들은 이와 관련된 몇몇 메커니즘을 파악했다. 뇌는 활동하지 않을 때를 기하여 독성이 있는 대사 부산물을 제거한다. 활동 중인 인간의 뇌는 인체의 포도당 가운데 20~25퍼센트를 태우는데 이러한 에너지 소비는 노폐물 생산을 초래하므로 뇌는 발생한 노폐물을 없애야만 한다. 2012년에야 미국 로체스터대학교 연구진이 이 폐기물 처리 시스템을 발견할 수 있었다. 고도로 조직화된 이 네트워크는 혈류와 별개이지만 병렬적인 배관 구조에 기반을 두고 있다.[11]

이를 글림프 시스템glymphatic system이라고 하며 림프액과 관련이 있다. 림프액의 주요 기능은 신체 노폐물 배출로 신체의 모든 조직과 세포에 스며들어 혈관 네트워크를 따라가면서 세포 노폐물이나 혈류 찌꺼기를 수거하고 걸러낸다. 그런데 문제는 뇌에는 림프관이 없다는 것이다. 그렇다면 뇌는 독소를 어떻게 배출할까? 과학자들에게 이 문제는 오랫동안 수수께끼로 남아 있었다.

뇌의 노폐물 청소하기

로체스터대학교 연구진이 보여주었듯이 이 문제의 답

은 '교세포'에 있었다('글림프glymph'는 '교세포glia'와 '림프lymph'의 합성어). 뉴런을 감싸고 있는 교세포들의 조직은 영양 공급과 면역 작용을 담당한다. 그중에서도 뇌의 배출 시스템에 관여하는 특수한 교세포가 있는데 별 모양을 하고 있다고 해서 별아교세포astrocyte라고 부른다. 별아교세포들은 뇌혈관 주위에서 거대한 도관導管 네트워크를 이루고 있다. 이 다수의 도관에 흐르는 체액, 곧 뇌척수액은 신경조직에 쌓인 노폐물을 씻어내어 혈류로 전달한다.

활발한 뇌 활동이 필요한 이런저런 과제에 몰두해 있는 동안은 독소 배출이 쉽지 않거나 아예 불가능하다. 연구자들은 뇌가 열심히 일하면서 생성한 노폐물을 '청소'하는 것은 (수면을 동반한 휴식 혹은 비수면 상태의) 휴식을 취할 때임을 알아냈다. 그들은 쥐의 뇌척수액에 염료를 주입하는 방법으로 이 체액의 흐름을 주시하면서 전기적 뇌 활동이 발생하는지 관찰했다. 그러자 쥐들이 휴식하거나 잠을 잘 때 뇌척수액의 흐름이 빨라지는 현상이 관찰되었다. 연구진은 전극을 이용해 뇌세포들 사이의 간격을 측정하기도 했는데 잠자는 동안에는 이 간격이 25퍼센트나 늘어나는 놀라운 결과가 나왔다! 요컨대 뇌는 휴식할 때, 특히 잠자는

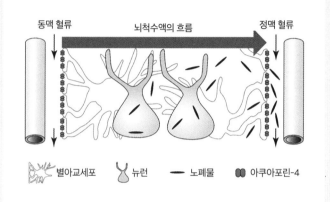

동맥 혈류　　　뇌척수액의 흐름　　　정맥 혈류

별아교세포　　　뉴런　　　노폐물　　　아쿠아포린-4

──　도판 12. 글림프 시스템은 뇌의 노폐물 배출 네트워크다. 별 모양의 교세포
　　　들은 뇌혈관 주위에서 거대한 도관 네트워크를 이루는데, 이 다수의 도관에
　　　흐르는 뇌척수액이 신경조직에 쌓인 노폐물을 씻어내어 아쿠아포린-4AQP4
　　　라는 미세 기공을 통해 혈류로 전달한다.

동안에 개폐문을 열고 독소 배출에 박차를 가한다. 푹 자고 일어난 후 혹은 명상을 하고 난 후 개운함을 느끼며 휴식의 재생 효과를 실감하는 것은 이러한 뇌의 독소 제거와 관련이 있다.

알츠하이머병 예방의 가능성

글림프 시스템의 발견은 그 자체로도 놀랍지만 특히 알츠하이머병 등 신경 퇴행성 질환의 치료에 응용되면서 중요한 역할을 할 것으로 보인다. 이러한 질환을 앓는 환자들의 뇌에는 단백질(특히 '베타아밀로이드' 단백질)이 많이 쌓여 있다. 이 단백질이 글림프 시스템을 통해 원활하게 배출되지 못함으로써 뇌에 침착된다는 가설이 현재 제기되고 있다. 노화 때문이든, 세포의 퇴화 때문이든, 시스템이 제대로 청소를 하지 못하면 노폐물이 뉴런 주위에 쌓일 테고 익히 알려졌듯이 뇌 기능에 비극적 결과를 초래한다.

지금의 의학 기술로 알츠하이머병 같은 신경 퇴행성 질환을 치료하지는 못하지만 적어도 인지 기능의 퇴화를 늦추거나 완화할 가능성은 있다. 가장 간단한 방법은 지금껏 살펴본 글림프 시스템의 활성화를 위해 충분히 휴식하는 것이다. 휴식하는 습관 만들기는 직장에서의 번아웃 예방과 관리에도 유용하다.

매시간 지적 활동(전전두피질의 활동)을 몇 번씩 중단한다. 이 일의 목표는 단순하다. 교세포가 뇌 활동에서 생성된 대사 노폐물을 배출하게 하려는 것이다. 이를 실행하는 구체적 방법은? 한 시간에 단 몇 분이라도 멍하니 몽상에 빠져들면서 주의력을 침묵시키면 된다.

뉴런이 쑥쑥 자라게 하라!

주의력의 침묵에는 또 다른 이점이 있다. 바로 신경 발생 측면에서의 이점이다. 성인 뇌의 재생 능력은 그다지 크지 않다. 그렇지만 뇌의 일부 영역은 새로운 세포를 평생 만들어낼 수 있다. 이것을 성년기 신경 발생이라고 한다. 나이가 들어서도 뇌세포를 만들어낼 수 있는 영역 중 하나가 해마海馬다. 명칭 그대로 해마를 닮은 이 영역은 학습과 기억에 핵심 역할을 한다. 해마에서 새로운 뉴런이 만들어지면 당연히 기억력에 직접적으로 도움이 된다.

독일 과학자들은 청각적 침묵이 해마의 신경 발생에 미치는 영향을 규명하고자 했다.[12] 그들은 쥐들에게 매일 하루 두 시간씩 완벽하게 고요한 환경을 조성해 주었다. 그러고 나서 일정 기간이 지난 후 쥐의 뇌에 어떤 변화가 있는지 알아보는 실험을 했다. 그리하여 2013년 깜짝 놀랄 만한 결과를 발표했다. 침묵에 꾸준히 노출된 쥐의 해마에서는 새로운 세포가 훨씬 더 많이 생성되었다!

이 연구는 쥐를 대상으로 했으나 생리학적 관점에서 인간과 쥐의 뇌는 매우 흡사하기에 인간 뇌에서도 동일한 효과를 기대할 수 있다. 그러므로 이러한 발견을 치료에 적용하면 중요한 역할을 할 수가 있다. 사실, 알츠하이머병 같은 질환은 해마의 세포가 쇄신되지 못하는 현상과 직결되기 때문이다. 이러한 연구들은 아직 초기 단계지만 나는 침묵이 뇌에 미치는 이로움이 지금까지 생각한 바 이상일 것이라고 확신한다. 침묵이 장차 특정 신경 질환의 치료 과정에서 핵심 요소가 될지도 모르는 일이다.

구글과 고대 현자의 공통점

 현실, 특히 노동계의 현실을 잠시 들여다보자. 일반적으로 이 바닥에서 침묵은 환영받지 못한다. 침묵은 말로 표현할 수 없는 무언가가 혹은 원한과 좌절이 근로자들 사이에 팽배해 있음을 의미할 수 있다. 그렇지만 어떤 사람들은 직장에서 자신의 역량을 최대한 발휘하기 위해 차분함과 내밀함이 필요하며 나 역시 예외가 아니다.

 일부 기업은 근로자들의 업무 효율과 안녕감을 증진시킬 침묵의 가치에 주목했다. 점점 더 많은 사업장이 공간 배치에 유연성을 보이고, 개방형 사무실과 정숙한 공간을 조합하여 대화가 타인을 방해하지 않도록 배려한다. 소파와 다탁이 있는 '라운지'를 마련한 기업[13]들도 있다. 혼자 있고 싶거나 집중이 필요한 직원들에게 조용한 작업 공간을 제공하기 위해서다.

 이러한 공간 조직 방식은 기업의 이윤으로 되돌아온다. 거대 기업 구글은 타산적 이타주의의 좋은 예를 보여주었다. 구글은 근무 시간의 20퍼센트를 직원들이 자신이 하고 싶은 일을 하며 자유로이 보내게 했다. 어떤 결과가 나왔을까? 구글의 혁신적 성과 50퍼센트가 이 자유 프로젝트에서 탄생했다.

점점 더 많은 노동계 관계자들이 인지 과부하의 폐해와 근본적으로 싸우기 위해 고요의 시간에 관심을 보이는 추세다. 심지어 프랑스에서는 전력 회사 EDF, 로레알, 지멘스 같은 대기업들이 직원 연수나 세미나의 형태로 명상을 도입했다. 신기술의 낙원 미국 실리콘밸리에서 명상이 유행한 지는 이미 오래다.

애플의 전 CEO이자 혁신의 아이콘이었던 고故 스티브 잡스는 이러한 동향을 선도한 사람이다. 1970년대에 인도에서 불교를 접한 잡스는 그 후 일평생 명상을 수련함으로써 "분석과 선입견을 뛰어넘어 자신의 호기심과 직관을 신뢰"하게 되었다. 그는 자신의 경험을 바탕 삼아 애플에도 명상 수련을 도입했다. 동료들의 창의성을 끌어올리기 위함이었다. 페이스북이나 구글 등 수많은 혁신 기업들이 잡스의 행보를 모방하여 직원들에게 명상 수련 공간을 제공한다.

이미 오래전 고대의 현자들은 주의력의 침묵을 일상적으로 실천했고 정신을 잠시 차단해 두는 미덕의 시간을 갖고자 애썼다. 로마 정치가 세네카(BC 4~AD 65)에게 자기 자신을 되찾는 유일한 방법은 일상 활동을 중단하는 것이었다. 그가 살던 기원후 1세기, 네로 황제 치세의 로마는 활발한 무역 활동 등 여러 면에서 오늘날의 시대와 비슷한 점이 많았다는 것은 시사하는 바가 있다.

세네카는 〈루킬리우스에게 보내는 편지〉에 다음과 같이 아름다운 문장을 남겼다.

그래, 그거라네, 친애하는 루킬리우스, 그대 자신에 대한 소유를 요구하게. 지금까지는 다른 사람들이 그대의 시간을 차지하고 가로챘지. 그 시간은 그대에게서 빠져나갔다네. 그 시간을 되찾고 잘 돌보게. 나를 믿게나, 진실은 이것이니. 우리의 시간은 일부는 빼앗기고, 또 다른 일부는 엉뚱한 방향으로 흘러들어 가고, 남은 시간은 손가락 사이로 빠져나가지.
이렇게 하게, 친애하는 루킬리우스, 그대의 소유는 그대의 것이라 주장하길 바라네. 지금까지 빼앗기고 사취당하고 흘려보낸 그대의 시간을 모아들이고 잘 지키게. 내가 쓴 바를 믿어 의심치 않기를. 어떤 순간은 우리에게서 멀어지고, 어떤 순간은 빠져나가며, 어떤 순간은 도망간다네.[14]

게으름은 몹쓸 결점이 아니다. 심지어 뇌의 관점에서는
미덕이라고 볼 수도 있다.

4장

몽상을 통한 침묵

> "발명을 하려면 빗나가는 생각을 해야 한다."
>
> — 폴 수리오, 《발명 이론 *Théorie de l'invention*》

고백건대 회복기 두 달 동안 내가 완벽하게 준수하지 못한 의사의 처방도 있었다. 의사는 일에서 완전히 손을 떼라고 했지만 그 말대로 실천하기는 어려웠다.

나는 연구 활동을 포함해 모든 스트레스의 잠재적 원천과 거리를 두어야 했다. 그렇지만 나의 정신 주위에 그렇게까지 장벽을 칠 수는 없었기에 (지속적이진 않았으나) 걸핏하면 나의 정신은 연구실로, 컴퓨터 옆에 쌓아놓은 학술 논문 더미로 달려가곤 했다. 가끔은 근사한 아이디어가 꿈에 나와 다음날 아침 흥분 상태로 잠에서 깨기도 했다. 그

러면서도 내 생각 하나 마음대로 조절하지 못한다는 자책
감이 들어 이를 악물고 더 이상 연구 생각을 하지 않으려
고 애썼다.

꿈이 만든 화학의 신기원

당시엔 몰랐지만 나의 정신이 내게 허락도 받지 않고 배
회한 것은 사실 좋은 일이었다. 집중을 포기하고 생각이
표류하는 대로 내버려두는 것이 실은 대단히 생산적인 활
동일 수 있다.

독일 화학자 아우구스트 케쿨레는 1861년, 꿈에서 깨달
음을 얻어 화학사에 이름을 남길 수 있었다. 당시 그는 몇
달째 풀리지 않는 어려운 문제와 씨름하는 중이었다. 그
난제는 벤젠의 분자 구조를 밝히는 것으로 거듭된 노력이
모두 수포로 돌아가자 케쿨레는 씁쓸함을 삼켜야 했다.

그날도 온종일 연구에 매진하다 저녁때 집에 돌아온 케
쿨레는 난롯가에 앉아 이런저런 생각에 잠겼다. 어두운 집
안에서 멍하니 불을 바라보다가 설핏 잠이 들었는데 꿈에
서 기다란 분자 사슬들이 서로 가까워졌다 멀어졌다 하더

니 마치 뱀들처럼 꿈틀대며 빙글빙글 돌아가지 않는가. 환각처럼 스쳐 가는 화면 속에서 뱀 한 마리가 갑자기 자신의 꼬리를 물어 원 모양을 만들었다. 그건 여러 신화에서 생의 순환성을 상징하는 우로보로스ουροβόρος(꼬리를 삼키는 자)였다. 그 독특한 모양을 보는 순간, 케쿨레는 마침내 자신이 찾던 답이 나왔음을 퍼뜩 깨달았다. 지금까지 알려진 모든 분자 구조들은 선형이었다. 그런데 만약 벤젠의 분자 구조가 선형이 아닌 순환 구조라면? 그는 잠에서 깨어나 이러한 착상이 사실에 부합한다는 것을 증명했고 이 발견은 화학에 일대 신기원을 가져왔다.

쏠쏠한 아이디어 건지기

이러한 순간들은 마법으로 가득 차 있다. 케쿨레는 어떻게 자기 꼬리를 문 뱀이라는 독특한 이미지를 떠올렸을까? 이 발견의 과정이 어땠기에 그는 2000년 전 아르키메데스가 그랬듯 "유레카!"를 외칠 수 있었을까? 그 정확한 과정은 알지 못한다 해도 한 가지 확실한 점이 있다. 우리 모두는 몽상 속에서 혹은 꿈꾸는 과정에서 쏠쏠한 아이디어를 건질 수 있다. 나아가, 해결되지 않는 문제가 있을 때 불현듯 떠오르는 이미지나 꿈을 특별히 다룸으로써 미처 생각지 못했던 답을 찾아낼 수 있다. 저자로서 뭣한 말이 긴 하지만 지금 당장 이 책을 읽는 것을 멈추고 책장을 덮어보자. 힘을 빼고 느긋한 마음으로 생각이 흘러가도록 내버려두자. 숨을 깊이 들이마시고 내쉬면서 딱히 뭔가를 생각하려는 노력을 멈추자. 그랬을 때 머릿속에서 오만가지 생각이 왁다글닥다글 부딪치지 않는가? 자신도 모르는 새 여러분은 사색에 잠기게 된 것이다. 집중력의 침묵은 이처럼 과제 해결에 도움이 되곤 한다.

그 이유는 무엇일까? 주의력이 붕 떠 있을 때 정신이 자발적으로, 아무 이유 없이 스스로 생각들을 만들어내기 때문이다. 그럴 때면 정신은 아무런 연관도 없어 보이는 것들을 마구잡이로 늘어놓는다. 다종다양한 생각들이 뚱딴지같이 떠오른다. 이 상태는 특히, 평소 늘 하던 일을 할 때, 주의력을 크게 요구하지 않는 루틴을 수행할 때 나타난다. 평범한 하루를 보내다가, 목욕을 하다가, 감자를 깎다가, 엘리베이터를 기다리다가 이런 경험을 해본 적이 있을 것이다. 이미 이 책을 읽는 중에도 그런 일이 일어났을

지 모른다. 지금 당신은 책을 펼친 채 정신이 딴 데 가 있음을 문득 깨닫지 않았는가.

이러한 정신적 배회는 수시로 일어나며 우리의 디폴트 모드인 듯하다. 1장에서 이미 보았듯 인간의 뇌에는 아무 것도 하지 않을 때 다 함께 활성화되는 영역들이 있다. 이 것이 바로 디폴트 모드 네트워크다. 외부 자극에 주의를 기울일 필요가 없을 때면 이 네트워크가 활성화된다는 점을 주목하라.

깨어 있는 시간 절반에 우리는

아이들이 놀이를 할 때도 뇌는 디폴트 모드로 넘어간다. 우리는 의식하지 못한 채 이런 형태의 정신적 배회에 상당한 시간을 내어주고 있다. 하버드대학교 매튜 킬링스워스와 대니얼 길버트는 유명한 연구를 통해 이 사실을 밝히기도 했다.[1] 이 연구는 아이폰 어플리케이션을 이용해 18~88세 미국인 지원자 2200명의 일상적 생각, 감정, 행위에 대한 데이터 25만 건을 수집했다.[2] 연구진은 지원자들의 일과 중에 알람을 보내 지금 무엇을 하고 있는지, 그

일에 집중하고 있는지 실시간으로 조사했다. 결과는 놀라웠다. 사람들은 깨어 있는 시간의 절반(정확히는 46.9퍼센트)을 현재 하는 일이 아닌 딴생각에 쏟고 있는 것으로 나타났다.

평온한 시간에 이리저리 떠도는 우리의 생각들은 어떤 내용을 담고 있을까? 앞서 했던 말들이 무색하리만큼 사실 그 생각들은 대개 부정적이다. '유레카' 같은 마법의 순간은 극히 드물고, 이 심리학자들이 확인했듯이 떠도는 생각은 주로 미처 해결하지 못한 일상적 문제, 가족이나 친구, 직장 동료와의 갈등에 쏠린다. 생각은 과거와 관련된 걱정 아니면 미래에 대한 두려움에 초점을 맞출 때가 많다. 흘러가 버린 지난 일에 죄책감과 후회, 부끄러움을 느끼거나 아직 하지도 않은 일을 두고 실패할까 봐 전전긍긍한다.

몽상은 종종 기분을 가라앉힌다. 킬링스워스와 길버트는 '의식의 일탈'(방랑하는 생각의 다른 이름) 빈도가 개인이 느끼는 행복을 예측하는 요소이며, 이 요소들은 심지어 진행 중인 활동의 성격보다도 훨씬 중요하다고 했다. 게다가 그들은 "방랑하는 정신은 불행한 정신"이라고 결론 내리기까지 했다.

몽상에 대한 편견

이러한 이유로 몽상은 우리 사회에서 발견의 신비와 결부되기보다는 그다지 좋지 않은 이미지로 통한다. 그리고 많은 심리학자들이 정신적 배회를 현실적 문제로 압박받을 때 상상의 세계로 도피하려는 정신의 부정적 경향과 동일시한다. 그렇다면 어떤 면에서 몽상은 현실의 어려움을 상쇄하기 위한 보상 활동이라 할 수 있다.

미네소타대학교 에릭 클링거는 몽상의 풍부한 가치를 재평가하려 한 최초의 연구자다.[3] 그는 꿈이나 몽상을 부정적으로 보는 경향이 주로 정신분석학의 '아버지'의 이론을 바탕으로 한다고 보았다. 지그문트 프로이트에게 몽상은 '유아적이고 신경증적인 행동' 그 이상도 이하도 아니었다. 그 영향으로 심리학자들 상당수는 지금도 몽상을 억제해야 하는 것이라 생각한다.

실은 이미 고대부터 딴생각에 자주 빠지는 정신은 고약한 결점으로 취급받았다. 철학 수업을 들은 적이 있다면 플라톤의 《테아이테토스》에 나오는 일화를 기억할 것이다. 플라톤이 전하는바, 위대한 수학자 탈레스는 멍하니 하늘을 올려다보며 걷다가(요컨대, 정신을 빼놓고 걸어 다니다가) 우물에 빠지고 말았다. 그 바보 같은 모습을 지켜보던 하녀는 웃음을 터뜨렸고 하늘에서 일어나는 일을 살핀다는 선생이 정작 자기 발밑의 일도 못 본다며 탈레스를 비웃었다.[4] 여기서도 몽상은 무지와 결부될 뿐 진지하게 고려되지 않는다.

몽상에 대한 오늘날의 편견이 어디서 비롯되는지 그 진정한 기원을 찾자면 산업화 초기 단계인 19세기로 거슬러 올라가야 한다. 공장들이 쉴 새 없이 돌아가던 이 시기에 멍 때리는 태도를 곱게 보았을 리 만무했고 특히 학교에서는 설 자리가 없었다. 교회의 영적 지도자들부터 교육자들까지 한마음으로 몽상을 단죄했고 딴생각은 쓸데없고 위험한 것이라며 꾸짖었다. 몽상은 주로 현실감각을 잃게 한다는 이유로 비난받았다. 몽상가는 해야 할 일이나 의무를 소홀히 하고 사회질서를 해친다는 오명을 쓰기 일쑤였다. 그런 사람은 사회의 중요한 과제를 회피하고 올바른 길에서 벗어나는 것으로 인식되었다. 요컨대, 몽상가는 이기주의자, 탈주자, 잠재적 반란자였다….

이러한 중상모략의 표적들 가운데서도 특히 여성은 도

"한 점성술사가 어느 날
우물에 빠졌네.
사람들이 말했지. 저런 바보가 있나,
자기 발밑도 보지 못하는 놈이
머리 위 별을 보고 점을 친단 말인가?"

덕주의적 비판으로 많은 피해를 입었다.[5] 여성 소설을 탐독하는 취미는 몽상에 빠지는 경향을 부추기고 풍속을 타락시키는 주범으로 지목당했다. 여성을 아내와 어머니의 의무에서 멀어지게 한다는 이유로 금서가 된 책도 있다. 귀스타브 플로베르의 《보바리 부인》에서도 소설 같은 인생을 살고 싶다는 바람이 모든 이야기의 발단이었다. 엠마 보바리를 비극적인 운명으로 몰고 가는 것은 그녀의 몽상이다.

케쿨레가 벤젠의 분자 구조를 발견했던 시대도 마찬가지였다. 그는 웃음거리가 될까 봐 자신이 꿈에서 화학적 발견에 관한 아이디어를 얻었다는 말을 하지 않았고, 무려 35년이 지나서야 자신의 업적을 기념하는 연회에서 그 사실을 털어놓았다. 현명한 처사였다. 진즉에 떠들고 다녔다면 틀림없이 그 영광스러운 업적이 가려졌을 테니….

오랫동안 방심은 오점으로만 취급되었다. 그러나 오늘날의 우리들은 정신적 배회가 뇌에 이롭다는 사실을 알고 있다.

수학자의 몽상

이렇게 몽상은 우스꽝스럽거나 위험한 것으로 치부되면서 오랫동안 평가절하되었다. 그러다 최근 몇십 년 사이 심리학자들은 정신적 배회에 단점만 있는 것이 아님을 이해했다. 처음으로 알려진 몽상의 장점은 창의성을 자극하고, 복잡한 문제에 해결 전략을 제시한다는 것이다. 케쿨레의 벤젠 분자 구조 발견도 몽상 중에 계시처럼 떠오른 아이디어가 과학적 발견으로 이어진 수많은 역사적 사례 중 하나일 뿐이다.

이 같은 계시를 받은 수학자들도 한둘이 아니다. 수학을 지배하는 것은 논리일지 몰라도 수학적 혁신으로 나아가는 데는 상상력이나 직관이 근본적 역할을 한다.

수학자 앙리 푸앵카레의 일화를 보자. 그는 어떤 문제를 붙잡고 몇 달이나 씨름하다가 결국 집어치우기로 작정했다.

그래서 산술 문제들을 풀기 시작했는데 대단한 성과는 없었다…. 실패를 거듭하니 짜증이 나서 며칠 바닷가에 머리를 식

히러 갔고 계속 딴생각을 했다. 어느 날 절벽을 걸어 내려가는데 부정 3항 2차식의 변환은 비유클리드 기하학의 변환과 마찬가지일 것이라는 생각이 떠올랐다. 언제나 그렇듯이 간단하고 돌발적인 아이디어였지만 바로 확신이 들었다.

이처럼 푸앵카레는 해결을 포기함으로써 문제를 풀 수 있었다. 기술적인 수학 용어의 이면에 이러한 사실이 존재한다는 것은 시사하는 바가 크다.

몽상의 상태는 창조적 상상력이 떠오르기에 적합하다. 지금은 이것이 기정사실로 인정받는다. 영국 경제학자 그레이엄 월러스는 이 놀라운 현상을 맨 처음 이해한 사람이었다. 그가 창의성에 대한 초기 저서 《사유의 기술*The Art of Thought*》(1926)에서 밝혔듯이 모든 연구자나 예술가는 네 단계로 이루어진 과정을 거친다. 첫 번째 준비 단계에서는 문제를 인식하고 해결에 필요한 정보를 수집한다. 그다음은 부화 단계다. 그 문제에 대해서 더 이상 생각하지 않더라도 인식하지 못할 뿐 머릿속에서는 아이디어들의 취합이 이루어진다. 바로 이 단계에서 몽상은 결정적 역할을 한다. 그 후 마침내 고대했던 깨달음의 순간이 온다. 가장 흥미로운 아이디어가 마치 계시처럼 떠오른다. 이런 것이 심리학자들이 말하는 천재성의 불꽃 혹은 '인사이트_{insight}'다. 마지막 단계는 기나긴 검증의 시간이다. 문제를 해결하기 위해 선택한 방법을 상세하게 평가하는 단계다.

목욕을 하다 위대한 발견을!

예술가나 과학자들의 회고담에서도 동일한 정신적 여정을 찾을 수 있다. 발견의 순간은 연구실이나 작업실보다는 집에서 편하게 쉴 때, 목욕이나 요리를 할 때, 숲속을 거닐 때 찾아오곤 한다. 찰스 다윈의 경우를 보자. 그는 비글호를 타고 항해할 때가 아니라 영국에 돌아온 후 종의 기원에 대한 이론을 정립하기 시작했다. 토머스 맬서스의 책이 그에게 계시를 내려주었다(찰스 다윈은 1836년 맬서스의 《인구론》을 읽고 자연선택 개념을 떠올렸다―옮긴이).

철학자 폴 수리오는 1881년 발표한 발명에 대한 에세이에서 정신의 이 느긋한 숙성 작업을 완벽하게 기술했다.

익히 아는 사람의 이름, 골백번은 들었던 노래, 어떤 날짜나 사실이 갑자기 기억나지 않을 때가 있다. 갖은 애를 쓰지만 도통 떠오르지 않는다. 이제 거의 다다랐다고 느끼는 바로 그 순간 생각은 달아나버린다. 실망한 우리는 체념하고 딴생각에 빠진다. 그러다 갑자기, 가장 예상치 못했던 순간에, 진정으로 바랐던 아이디어가 저절로 머릿속에 떠오른다.

어째서 조금 전이 아니라 지금일까? 기하학자는 문제의 해결을, 작곡가는 모티브를, 엔지니어는 기계적 조합을 찾아 헤맨다. 그들의 정신은 오랫동안 불모 상태에 머문다. 그러다 아무리 되살리려 해도 허사였던 아이디어가 갑자기 거의 완성된 형태로 떠오른다. 이 아이디어는 왜 이렇게 오래 기다리게 했담?[6]

이 모든 이야기와 분석은 우리를 하나의 결론으로 이끈다. 문제를 해결하고 싶다면 너무 전면적으로(다음 단락에서 논의되겠지만 이 단어의 모든 의미에서) 부딪치기보다는 무의식의 작업이 일어나도록 우회해서 가거나 아예 손을 놓아버리는 편이 낫다. 이 놓아버림의 시간, 정신의 로그아웃은 철학자 앙리 베르그송의 표현을 빌리면 의식의 '지하'에서 벌어지는 배양incubation 작업(체내에서 증식하는 바이러스 감염

같은 전염병 용어로 이해한다면)에 필수적이다.[7] 새로운 아이디어들은 우리가 완전히 딴생각을 하고 있을 때 난데없이 튀어나온다. 사실, 이 아이디어들은 진즉에 소리 없이 뇌에서 무르익다가 개념화가 진전된 상태에서 의식 위로 떠오른 것이다.

창의적인 사람들의 뇌

배양 작업은 주의력이 당면 과제에서 멀어지는 가장 특별하면서도 신비로운 단계다. 문제 해결 과정의 이 단계에 뇌에서는 어떤 일이 일어날까? 뇌 영상을 활용한 최근의 연구들을 살펴보면 그 관계를 이해하는 데 도움을 받을 수 있다. 앨버커키에 있는 뉴멕시코대학교 렉스 정Rex Jung이 개진한 연구가 그 좋은 예다. 그는 우선 다양한 심리검사(둥근 물체 이름 대기, 5분 내에 최대한 다양한 도형 그리기, 평범한 사물에서 다른 용도 찾기 등)를 통해 창의력이 뛰어난 학생들을 선발했다. 그 후 이 피험자들이 휴식하는 동안 그들의 뇌 스캔 영상을 촬영했다. 연구자가 본 것은 무엇일까? 창의적 정신의 소유자들이 뭔가에 집중하지 않으며 이런저런 생각에 잠기는 동안 이른바 '실행' 시스템은 활동이 위축되었지만 '디폴트 모드' 네트워크는 역동적으로 돌아갔다.

여기서 전전두 영역에 위치한 실행 시스템의 역할을 다시 한번 짚고 넘어가자. 이 시스템은 주의력을 지휘하여 특정 방향으로 유도하고 초점을 맞추게 한다. 질서를 감시하는 일종의 검열관 같은 역할을 한다고 볼 수 있다.(3장 참조)

어떤 활동에 집중할 때 전전두피질은 필터처럼 작용하여 중요하다고 생각되는 것과 별 가치 없는 잡스러운 정보들을 구분한다. 가령 친구와 카페에서 한창 수다를 떨 때는 자동차 소음이나 새로운 손님의 등장, 종업원이 손님에게 하는 인사 따위에 별로 신경이 쓰이지 않는다. 뇌는 그러한 정보들을 여전히 지각하고 처리하지만 전전두피질이 그쪽에는 주의력을 쏟지 않고 대화에만 집중하도록 끌고 가는 것이다.

그런데 이 두 네트워크, 곧 실행 네트워크와 디폴트 모드 네트워크는 마치 양팔저울처럼 한쪽이 활발하게 작동하면 다른 쪽 활동은 위축된다. 뉴멕시코대학교 연구진은 창의력이 뛰어난 사람들의 뇌는 디폴트 모드 네트워크가 한층 지배적이기에 생각을 별로 통제하지 않는다는 사실

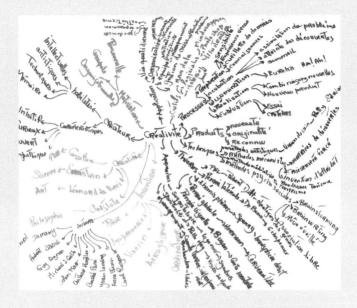

— 도판 14. '창의성'이라는 주제(가운데)를 중심으로 전개한 마인드맵. 생각의 갈래가 뻗어나가는 과정을 관념들의 연속적 결합으로 나타냈다.(www.creativite.net/mindmapschema-heuristique-topogramme-9/) 외부 소음을 제거할 수 없듯이 생각들은 우리의 의사와 상관없이 떠오른다. 각성 상태에서 뇌는 끊임없이 이미지, 말, 계획을 만들어낸다. 현대인은 하루 평균 6만 가지 생각을 하는데 이는 1초마다 다른 생각을 한다는 뜻이다.[8] 이 마인드맵이 보여주듯이 창의성을 낳는 과정은 하나의 생각이 다른 생각을 불러오고, 또 다른 생각이 생각의 꼬리를 물고 등장하는 정신의 연상 작용이라는 양상으로 설명된다.

을 확인했다. 인지적 통제가 완화된 그들의 뇌는 무질서하고 역동적이며 자주 예측을 비껴간다. 필터가 없어 온갖 관념이 뒤죽박죽되면서 자연스럽게 새로운 연상 작용이 일어나고 억압당하지도 않는다. 요컨대 주체가 창의성을 자유롭게 펼치기 위해 평소 늘 하던 자기 검열을 놓아버리기라도 한 듯 실행 기능의 억제 작용이 해제된다.

펜실베이니아대학교 샤론 톰슨 같은 연구자들은 이러한 인지적 유연성을 아예 '전두엽 기능 저하hypofrontality'[9]로 지칭하기도 한다.

슈퍼브레인

'전두엽 기능 저하' 상태에 있는 뇌는 새로운 생각을 만들어내는 놀라운 기계와도 같다. 이때 뇌의 효율성은 극대화되는데, 실제로 과학자들은 뇌가 매우 광범위한 인지적 자원 패널을 동원하여 동시에 작동시키는 것을 관찰했다.[10] 언어, 기억, 감각, 추론 등 여러 가지 기능이 여기에 관여한다. 그리고 이 다양한 능력들이 궁극적으로는 정신의 유연성, 다시 말해 다량의 관념을 생산할 뿐 아니라 어떤 관점에서 다른 관점으로 원활하게 넘어가며 상황을 다 각도로 보는 융통성을 촉진한다.

이런 면에서 전전두피질에 손상을 입은 환자들에 대한 연구는 억제 해제 가설에 힘을 싣는 듯하다. 이 환자들 중에는 의사 결정에 어려움을 겪게 됐지만 그와 동시에 비범한 예술적 재능을 계발한 경우가 더러 있었다. 데릭 아마토는 특히 유명한 사례다. 그는 마흔 살에 수영장 바닥에 머리를 부딪쳐 심한 뇌진탕을 겪었다.[11] 놀랍게도 병원 치료가 끝나고 퇴원하자마자 그는 한 번도 피아노를 배운 적이 없었는데도 피아노를 치며 뛰어난 음악적 재능을 보여주었다.

이러한 현상의 신경학적 원인들을 완전히 규명하지는 못했다. 하지만 캘리포니아대학교의 신경학자인 브루스 밀러 같은 전문가들은 이를 그때까지 '은밀히 숨어 있던' 잠재적 재능을 억제하던 뇌 영역이 손상되어 억제가 해제된 덕분에 전에 없던 소양이 발현된 것이라고 설명한다. 실제로 데릭 아마토는 고등학생 시절에도 음악을 좋아하기는 했다. 의식적으로 떠올리지 못했을 뿐, 그의 뇌는 아마 진즉에 음악적 개념들을 기억에 저장하고 있었을 것이다. 그러다 뇌진탕으로 인해 음악과 관련된 영역들이 훨씬 자유롭게 작동하게 되었다. 마치 경계심이 침묵하자 창의적 에너지가 거칠 것 없이 흘러나온 것처럼.

스포츠에서 성과를 내려면

가끔은 여러분의 집중력을 잠재워보길 권하고 싶다. 그럼으로써 창의성 증진에 국한되지 않는 많은 이점을 이끌어낼 수 있다. 실행 시스템은 가장 관련성이 높은 정보를 안정적으로 지각하고 적절한 행동을 선택하도록 돕지만 이 시스템을 통제하지 않고 풀어놓으면 오히려 성과가 나아지는 행동도 몇 가지 있다. 운동선수들은 이러한 현상을 익히 알고 있다. 잘해야 한다는 생각, '지나친 통제', 무슨 수를 써도 이겨야 한다는 마음이 과하면 대개 너무 긴장되고 효율이 떨어진다. 의지가 지나치면 몸이 말을 듣지 않는다.

2018년 월드컵에서 프랑스 축구 대표팀 감독을 맡았던 디디에 데샹은 이 문제를 뚜렷이 의식하고 있었다. "집중력을 발휘하면서도 느긋하게 임해야 한다는 걸 알았죠."

월드컵 우승 후 인터뷰에서 그가 간략히 한 말이다. 주의력을 기울이되 긴장은 내려놓기. 이것이 운동선수의 성공 비결 중 하나다.

이는 또한 '궁도弓道'에서 잘 간직해 온 비법이기도 하다. 선禪의 정신이 깊이 배어 있는 이 일본 무술의 철학을 잘 보여주는 흥미로운 일화가 있다. 몇 년 전 궁도의 대가들이 프랑스에 와서 옛날식 활쏘기 시범을 보였다. 호기심 어린 관중이 지켜보는 가운데, 한 대가가 정신을 모아 활을 들고 시위를 당겼으나 화살이 과녁을 비껴가 땅에 떨어져버리는 것 아닌가. 어떻게 이런 일이… 대가의 화살이 저렇게 빗나가다니? 관중은 어안이 벙벙했다.

"멋지게 쏜 한 발이었습니다."

궁수가 변명하면서 다시 과녁을 겨누는 대신 이렇게 말하자 관중석에서는 웅성거림이 새어 나왔다. 훗날 대가는 모두를 놀라게 했던 자신의 대응에 대해 설명했다.

"그 활시위를 놓는 순간은 훌륭했습니다. 나는 나를 둘러싼 모든 것과 일체를 이루었고, 가슴 깊은 데서 우러나는 만족감, 마음의 평화, 내가 활을 잘 쏘았음을 의미하는 완벽한 조화를 느꼈지요."

이 말을 어떻게 이해하면 좋을까? 의외로 들릴지 몰라도 궁도의 가장 중요한 목표는 과녁을 맞히는 것이 아니다. 활을 잘 쏘고 싶은 궁수는 아무것도 기대해서는 안 되고, 무엇보다도 결과에 초연해야 한다. 그는 활을 쏘기 전에 어떤 생각에도 흔들리지 않는 완전한 이완 상태에 다다라야 한다. 한마디로, 궁수는 처음으로 활을 잡은 사람의 마음으로 돌아가야 한다. 훌륭한 궁수는 화살의 명중 여부에는 거의 신경을 쓰지 않는다. 희한한 발상 같지만 나도 그 생각에 동의한다. 똑떨어지는 개념에 익숙한 우리 서양인의 정신은 이 모순되어 보이는 표현들 앞에서 혼란을 느끼지 않을 수 없다.

때때로 멍한 상태를 즐기자

네덜란드 연구자 크리스 올리비에Chris Oliviers와 산데르 니우엔하위스Sander Nieuwenhuis는 약간의 산만함이 지적 작업의 성과를 높여준다는 사실을 확인하기도 했다. 이들은 이 연구에 '주의력 깜박임attentional blink' 실험을 활용했다. 피험자들이 바라보는 컴퓨터 모니터 화면에 두 가지 정보

(숫자 혹은 문자)를 0.2~0.5초 시간차를 두고 띄운다. 이러한 조건에서는 뇌가 첫 번째 정보를 처리하느라 바빠서 두 번째 정보를 파악하지 못할 공산이 크다. 바로 이 현상이 주의력 깜박임이다. 다시 말해, 피험자는 마치 눈을 깜박이기라도 한 것처럼 주의력이 회복될 때까지 아무것도 파악하지 못한다. 단순히 뇌의 특정 영역이 잠깐 가동되지 않는 것이 그 원인이다.

연구자들은 이 메커니즘을 '건너뛸' 수 있음을 보여주었다. 피험자들이 음악을 듣거나 딴생각을 할 때는 오히려 두 번째 정보까지 파악할 수 있었던 것이다! 주의력을 느슨하게 풀어놓자 마치 주의력의 자원이 첫 번째 정보 처리에 덜 쏠리고, 뇌에 두 번째 정보도 저장하고 보존할 여력이 생긴 것 같았다.

여기서 도출된 결론도 궁도의 대가가 한 말 못지않게 놀랍다. 결국 어떤 일을 잘하기 위한 주의력의 최적 수준과 집중력의 최고 수준은 별개다. 집중력을 오히려 잠잠하게 만들고 실행 시스템의 인지적 통제는 차분하게 지켜보는 역할만 하게 하라. 우리는 그 섬세한 균형에 도달해야 한다. 이건 일종의 기술이다.

휴식이라는 신비로운 상태

이 책 첫머리부터 지금까지 아무 언급 없이 묻어둔 질문이 하나 있다. 뇌는 왜 휴식 상태일 때 그토록 활발해질까? 나는 이 질문을 완전히 외면하고 그냥 기정사실로 받아들일 수도 있었다. 하지만 뇌가 휴식 상태에서 과도한 스트레스를 제한하는 동시에 창의성을 끌어올린다는 사실과 그런 상태가 얼마나 소중한지 여러분이 알게 된 이상, 이 특정한 상태의 미덕을 설명하는 근본적 이유를 파헤치는 것이 나의 의무라고 생각한다.

앞서 말했듯이 하릴없이 빈둥거릴 때도 뇌는 여전히 활발하게 돌아가면서 작동 방식을 바꾼다. '디폴트 모드'의 정신은 역동적이고 왕성한 연상 작용을 한다. 예술가나 과학자들은 이 순간 새로운 아이디어의 풍부한 원천을 찾곤 한다. 일반적으로는 이럴 때 뇌가 자꾸만 생각을 곱씹는데 여기에는 떨쳐버리고 싶은 부정적인 생각도 포함되는 것으로 보인다. 그렇다면 뇌에 단단히 박혀 있는 이 에너지 소모적 과정이 왜 그렇게 중요한 역할을 할까? 그 답은 아마도 자전적 기억과 관련이 있는 듯하다.

실제로 추억은 뇌에서 대리석의 돋을새김처럼 확고히 새겨진 표상들을 즉각적으로 구성하지는 않는다. 사실 우리는 무언가를 금세 잊는다. 이제 막 획득한 기억은 취약하기 짝이 없고 새로운 경험들의 간섭에 매우 민감하다. 기억은 강화되어야만 세월을 이긴다. 이때 기억이 서서히 안정화되는 과정, 이른바 '기억 응고화memory consolidation'[12]가 일어난다.

헤르만 에빙하우스는 이 과정을 최초로 실험 연구한 심리학자다. 그는 1880년, 음절들(의미 없는 말)의 학습을 연구하면서 기억의 수명이 달라질 수 있음을 보여주었다. 어떤 기억은 몇 시간 만에 사라진다…. 다음날까지 남는 기억은 많지 않다. 사실상 24시간이 지나면 기억의 80퍼센트는 사라진다.(도판 15) 반대로 어떤 기억은 평생을 가기도 한다.

정신적 배회, 기억력의 비결

안정적이고 영속적인 기억은 어떻게 형성되는가? 이 과정에서 중요한 역할을 하는 것이 의지와 상관없이 떠오르는 막연한 기억, 즉 레미니상스réminiscence다.[13] 연구자들은

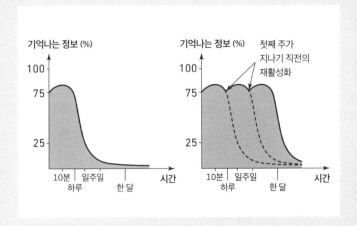

── 도판 15. 망각 곡선과 재활성화가 기억에 미치는 효과. 심리학자들은 기억
  이 깊이 뿌리내리려면 여러 번 재활성화되어야 한다는 것을 보여주었다. 그
  런데 일상적 사건이 기억에 남는 과정 가운데 일부는 뇌가 '휴식'하는 몽상
  의 시간에 무의식적으로 일어난다.

에빙하우스가 맨 먼저 했던 실험들의 뒤를 이어 다양한 연구를 실행해 기억의 건실한 보존은 추억을 떠올리는 순간에 달려 있다는 사실을 밝혀냈다. 심리학자들은 이 과정을 재활성화라고 부른다. 기억은 의도적으로 재활성화할 수 있다. 학교에서 외우게 하는 구구단이 그 일례다. 하지만 재활성화는 뇌가 특별한 작업에 주의력을 쏟지 않고 휴식하는 동안 자연스럽게 일어나기도 한다. 이때 추억은 우리가 의식하지 못한 채 재생된다.

그러므로 새로운 감각 정보의 수용에 몰두하지 않는 조용하고 차분한 시간, 휴식의 시간이 소중하다. 스코틀랜드 에든버러의 헤리엇와트대학교 마이클 크레이그와 미카엘라 드워는 휴식이 기억의 응고에 미치는 효과를 직접적으로 밝히기도 했다. 이들은 60명의 피험자에게 사진 여러 장을 연속해서 몇 차례 보여주었다.[14] 그 후 피험자들에게 그들이 실제로 본 사진과 그와 비슷한 다른 사진을 구별하는 과제를 부여했다. 사진을 보고 나서 10분간 쉬었던 피험자들은 휴식 시간이 없었던 피험자들보다 과제 성취도가 높았는데 이는 그들이 이미지를 더 자세히 기억했기 때문이다. 이로써 연구진은 사진을 보고 난 이후의 시간에 기억이 자동으로 떠오른다고 추측했다. 결론적으로, 정신이 잠시 배회하게 내버려두면 기억의 재활성화에 도움이 된다. 그러므로 이것은 나중에 떠올리고 싶은 정보를 기억하는 가장 좋은 방법이다.

이러한 현상의 신경학적 토대는 무엇일까? 오늘날 연구자들은 장기 기억이 대부분 신피질, 즉 뇌의 표면을 차지하는 영역 전체에 저장된다는 사실에 동의한다. 널리 알려진 생각과 반대로, 기억은 특정 영역에 국한되지 않는다. 실제로 기억 표상들의 생물학적 실현 매체는 매우 다양한 부위에 분산된 구조다. 이 구조는 기존의 시냅스 연결이 강화되거나 새로운 연결이 만들어짐에 따라 점진적으로 형성된 것이다.

기억의 신비 속으로

시냅스 연결이란 무엇일까? 시냅스는 뉴런들의 접촉점이다. 그리고 실제 경험의 소산인 분자 활동의 근거지이기도 하다. 특정 사건에 의해 두 뉴런이 동시에 활성화되면 단백질이 만들어지고 전달되어 이 시냅스들이 강화되거나 새로운 시냅스가 만들어진다. 그러면 시냅스는 신경 임펄스를 더욱 잘 전달하게 된다. 세월의 흐름에 따라 어떤 시냅스는 강화되는 반면, 어떤 시냅스는 약화된다. 이것이 '신경 가소성'이다. 각각의 추억은 특정 뉴런들이 강하게 서로 상호작용하는 독특한 시냅스 구성이다.[15] 정리하면 뇌는 자주 쓰는 회로들은 강화하고, 잘 쓰지 않는 회로들은 약화시키거나 아예 소멸시킨다.

이러한 이유로, 획득한 지 얼마 안 된 기억의 기저에 있는 네트워크의 경우 초기에는 불안정하고 간섭과 망각에 민감하다. 이 네트워크는 강화를 거쳐야만 흐르는 시간 속에서 안정성과 지속성을 지니게 된다. 여기서 추억들의 재활성화가 결정적 역할을 한다. 몸뚱이가 말려 있는 해양생물을 닮은 뇌 구조, 즉 해마가 이 과정에서 특히 중요하다. 해마는 휴식하거나 잠을 자는 동안 특정 기억에 참여하는 모든 피질 부위를 정확히 짚어서 재활성화할 수 있기 때문이다.

해마의 이러한 기능을 동물, 특히 실험용 쥐를 통해 직접적으로 관찰할 수 있었다.[16] 쥐들이 미로 속에서 이동하는 양상을 관찰한 연구진은, 학습 중에 활성화되었던 바로 그 뉴런들이 학습 이후 휴식 중에도 동일한 시퀀스에 따라 재활성화된다는 사실을 알게 되었다. 신경 재활성화의 반복은 장기 기억을 담당하는 다양한 영역들로 정보를 전달한다. 동물 대상 연구 이후에 실시한 인간 대상 연구들에서는, 특정 작업을 하는 동안 활성화되는 영역과 몽상에 빠져 있을 때 자전적 기억에 의해 활성화되는 영역이 유사하다는 사실을 확인할 수 있었다.[17]

요컨대, 해마가 없다면 그리고 휴식 중에 발생하는 해마의 재활성화가 없다면 기억의 저장도 일어나지 않는다! 영유아기에는 이 시스템이 없으므로 3, 4세 이전의 기억이 보존되는 경우는 극히 드물다. 생후 초기에는 이처럼 해마가 미성숙하기에 개인이 사건을 의식적으로 기억하기 어렵다는 것이 유아 기억상실 현상에 대한 신경생물학의 주요한 설명이다.

시간여행

정신이 휴식하는 순간들이 기억과 관련이 있다는 것은 그다지 놀라운 사실이 아닐지도 모른다. 몽상은 단지 회상과 번득이는 아이디어로 가득 찬 내면의 소란만은 아니기 때문이다. 몽상은 과거로의 여행이기도 하다. 추억의 회복은 사실상 근원으로 돌아가 '소생reviviscence'(겨우내 죽은 듯 보였던 식물이 다시 싹을 틔우거나 동물이 겨울잠에서 벗어나 활동을 재개함)의 기분으로 과거의 경험을 다시 하는 것이다. 과거에 경험한 일을 현실과 거의 동일한 느낌으로 강렬하게 되살리는 몽상의 이 비범한 특성은 나를 늘 매혹했다. 첫 키스의 추억이나 아들의 출생 순간을 떠올리면 여전히 생생하고 진실한 감정이 일어나고 그때처럼 기쁨으로 가슴이 벅차오른다.

마르셀 프루스트의 마들렌을 언급하지 않고서는 이 주제를 다루기가 결단코 어렵다. 생생한 레미니상스에 대해 이보다 유명한 묘사는 찾아보기 힘들다. 우리 모두는 프루스트처럼 기억 전체를 발굴하고 과거를 돌아볼 수 있는 인간 고유의 능력을 지니고 있다.

조금 평이하게 말하면 뇌 영상 촬영으로도 이러한 레미니상스의 기저 영역들을 정확하게 알 수 있다. 그 영역들은 디폴트 모드 네트워크에서 활성화되며 관자놀이 안쪽 면에 위치한다. 이곳 측두엽에 잘 숨겨져 있는 해마 뉴런들 10억 개는 모든 기억을 공들여 보존한다. 이 뉴런들의 특수한 활성화는 일화 기억, 다시 말해 삶의 여러 일화나 경험에 대한 기억에서 중심 역할을 한다. 특히 이것이 우리의 개인적 추억을 끌어내고 되살린다는 점이 중요하다.

미래 예측의 기술

레미니상스를 불러일으키는 힘에 대한 이러한 고려는 우리가 아직 다루지 않은 몽상의 역할로 나를 이끈다. 다른 동물에 비해 우리 인간종에 매우 중요한 몽상의 이 역할이 바로 미래 예측이다. 몽상은 과거로만 향해 있지 않고 미래 예측에 활용될 수 있다. 몽상은 전망을 가능케 한다. 다시 말해, 자신을 미래에 투사하여 가상 시나리오를 세우고 어떤 사건이 발생 가능한지 미리 가늠해 보게 한다. 미래를 공상하는 것은 으레 벌어지는 일상적 일이다. 연구자들은 미래로 향하는 생각이 16분에 한 번꼴로 일어난다고 추산한다.[18] 예를 들어 나는 12월이 되면 아이들이 크리스마스 선물 포장을 뜯어보면서 기뻐하는 얼굴을 상상하곤 한다. 이것은 행여 일어날 수도 있는 상황을 심리적으로 경험하는 시뮬레이션이다.

이러한 몽상은 자발적이고 비의도적이며 어떤 노력도 필요로 하지 않는다. 하지만 뇌에는 엄청난 작업을 요구한다. 뇌는 체험의 요소들을 복잡한 방식으로 조작하고 그것들을 재조합해서 새로운 사건의 일관된 표상을 만들어내는 작업을 한다. 사실 우리가 상상하는 시나리오들은 대부분 이미 체험한 요소들의 재조합에 불과하다. 그 시나리오들은 우리가 마주쳤던 맥락과 인물들을 무대에 올린다. 물론 자유와 즉흥성을 발휘할 부분은 남아 있지만 기본 자재는 대부분 일화 기억에 고이 보존된 추억에서 온다.[19] 때문에 이러한 상상을 주저 없이 '미래 기억'이라고 부르는 연구자들도 있다.

이 가상 시뮬레이션을 통해 우리는 완전히 새로운 이미지를 구축해서 정신의 '눈' 아래 펼쳐 보인다. 일부 뉴런이나 어느 영역 전체의 활동으로도 이렇게 하기는 어렵다. 사실, 이러한 위용은 디폴트 모드 네트워크를 구성하는 부분들, 즉 두 반구 사이의 뇌 내부 표면에 있는 머리 앞쪽과 뒤쪽 특정 영역들의 일관된 작동을 통해 가능하다. 이 영역들은 더욱 앞쪽에 있는 중간 영역(내측 전두엽피질 및 전대상피질)과 연관되는 후대상피질로, 역시 중요한 역할을 한다. 게다가 정신적·청각적 이미지, 심지어 촉각적 이미지역시 시각피질, 청각피질, 전운동피질을 활성화한다. 몽상에 빠져 있을 때 이 영역들은 기다란 실 모양의 신경섬유를 매개로 동기화되어 '불타오른다'. 이는 진정한 생리학적 업적이자, 인간의 뇌가 구현하는 가장 멋진 성취 가운데 하나다.

누군가가 되는 꿈

누군가가 된다는 생각, 머릿속에서 끊임없이 맴돌며 주변에 있는 것에서 우리를 떼어놓는 이 생각들이야말로 과거 혹은 미래로 시간여행을 하기 위해 치러야 하는 대가인지도 모른다. 반대의 경우를 상상해 보자. 현재의 순간에서 정신적으로 벗어날 자유가 없다면 자극에 반응하는 것말고는 할 수 있는 일이 없다. 그렇다면 우리는 과거도 없고 미래도 없이 현재 주어진 정보들을 따박따박 처리하는일종의 지능형 로봇 같은 존재가 될 것이다.

디폴트 모드 네트워크는 우리를 현재에서 떼내어 조금

전 마주했던 일이나 최근의 정보들을 바라보게 한다. 그리고 이 정보들을 오래된 정보들과 연결한다. 비슷한 상황에서 반응한 방식을 기억해 내기 위해 과거로 다시 들어가고 옛날에 있었던 일, 옛 추억과의 관계를 수립하게 한다. 이러한 스캐닝과 관계 짓기 기제를 통해 뇌는 모든 자료를 일관성 있게 종합한다. 이로써 몽상은 우리에게 한없이 귀한 선물을 수여한다. 바로 우리 자신의 건설이라는 선물이다.

보들레르는 이 점을 이해하고 있었다. "사람의 뇌가 광대한 자연적 팔랭세스트palimpseste(중세의 양피지 사본같이 이미 기록된 글을 긁어내거나 씻어내어 재사용하는 기록 매체—옮긴이)가 아니라면 무엇이란 말인가?"[20] 사실, 기억은 경험한 것을 다시 떠올리는 데 그치지 않는다. 추억은 책장에 꽂힌 책들처럼, 실제로 일어난 일에 충실한 아카이브처럼 저장되지 않는다. 오히려 기억은 끊임없이 다시 쓰인다. 무엇보다도 기억은 잡다한 세부 사항을 망각할 수 있다. 그래서 잊어버리는 능력은 기억으로 붙들어놓는 능력 못지않게 중요하다. 앞서 보았듯이 차분한 시간을 보낼 때 일어나는 어떤 사건의 레미니상스, 그에 수반되는 기억의 응고화로 인하여 추억은 선별된다. 이러한 정보의 분류가 적어도 정보 저장 능력만큼 기억에는 결정적이다. 뇌는 개인의 경험에 따라 구성되기 때문에 결과적으로 각각의 뇌는 고유한 것이다.

아이부터 어른까지, 회복탄력성의 원천

이렇게 자아를 형성하는 현상은 어린 시절에 특히 필수적으로 거쳐야 한다. 아이는 분절 언어를 습득하기 전부터 상상의 세계에 열려 있기 때문이다. 그런데 아이의 상상력은 어른의 상상력보다 한결 자유롭고 유동적이다. 성인기에는 상상의 세계와 현실의 세계 사이에 벽이 형성되지만 아이들에게는 그런 벽이 존재하지 않는다. 그래서 아이에게 정신적 배회는 일종의 현실성을 띠고 자못 생생한 경험으로 다가온다. 아이가 이런저런 이야기와 상상의 친구들을 지어내고, 자기 자신을 연출하고, 상상의 대상들과 재미나게 노는 시간은 한없이 소중하다. 그 시간 동안 아이는 피터팬, 웬디, 잃어버린 아이들, 후크 선장과 해적들을 다시 만난다! 꿈속에 빠져 있는 아이는 안전하고 보호받는 기분을 느낀다.

프로이트는 몽상을 현실도피나 외부 세계에 대한 차단막으로 보았지만 꼭 그렇지는 않다. 이러한 창조의 시간은 자아 형성에 필수 불가결하다. 아이는 몽상을 통해 자기 안의 성을 건설하고 자신의 내면성과 그들 자신만의 말을 구축한다. 이로써 아이의 정신적 균형이 공고해지고 아이는 인생을 마주할 채비를 한다. 한마디로, 몽상은 아이의 성장을 돕는다.

그렇지만 자아 형성이 유년기에 국한되지는 않는다는 말을 꼭 하고 싶다. 연령에 상관없이 현실에서 좌절, 기대, 부재에 부딪혀 절망할 때면 언제나, 상상은 내면을 북돋아 인생이 부과하는 시험에 좀 더 잘 대처하도록 이끈다. 상상은 회복탄력성의 원천이요, 장애물을 극복하게 이끄는 강력한 수단이다. 심지어 어떤 상황에서는 상상이 생존을 돕기도 한다. 그러니 여러분 자신에 대한 몽상을 포함해 몽상에 빠져드는 시간을 쓸데없는 것으로 치부해서는 안 된다.

5장

듣기 위한 침묵

블라디미르: 말 좀 해봐.

에스트라공: 찾고 있어. (긴 침묵)

블라디미르: (불안해하며) 아무 말이나 해.

— 사뮈엘 베케트, 〈고도를 기다리며〉

나는 병원에서 다음과 같은 상황을 직접 겪은 적이 한두 번이 아니다. 진료실에 들어가면 의사가 묻는다. "자, 오늘은 무슨 일로 오셨죠?" 나는 어디가 아프고 무엇이 불안한지 털어놓는다. 하지만 내 얘기는 몇십 초를 넘기지 못한다. 의사가 중간에 끊고 자신이 더 중요하게 여기는 의학적 사항들로 상담을 끌고 가기 때문이다.[1] 병원에서는 1분 1초를 귀하게 여긴다. 물론 공간 부족, 인력 감축, 수익성 추구 등 그럴 만한 이유가 있다. 시도 때도 없이 울리는 전화와 호출기, 시급히 처리할 온갖 행정 업무에 시달리

는 의사는 환자의 말에 진심으로 귀를 기울일 시간이 별로 없다.

"웅변은 은이요, 침묵은 금이다." 이 말을 들으면 사뮈엘 베케트의 희곡 〈고도를 기다리며〉가 생각난다. 나는 몇 년 전 그 연극을 보러 갔는데 무대에는 잎사귀가 다 떨어진 한 그루 나무 아래 중산모를 쓰고 작은 주머니를 든 후줄근한 차림새의 부랑자 두 명이 있었다. 다른 건 아무것도 없었다. 둘 중에서 에스트라공이라는 인물은 몇 번이나 떠나려고 한다. 하지만 그때마다 친구 블라디미르가 말린다. "그럴 수 없어. 우리는 고도를 기다려야 해." 두 인물은 시간을 죽이느라 제자리에서 서성거리고 온갖 쓸데없는 얘기를 주고받는다. 하지만 너무 많이 되풀이된 말은 무의미하고 우스워진다. 그럴 때 찾아드는 침묵은 흡사 피난처이자 휴식 같다. 때때로 이 인물들의 침묵은 끝나지 않을 듯 길고 무겁고 애처롭다. 또 어떨 때는 침묵이 편안하고 즐거우며 관객들의 배꼽을 빼놓는 배우들의 우스꽝스러운 몸짓으로 채워진다.

이 연극을 보고 대화에서 침묵이 얼마나 사람의 마음을 움직이고 많은 것을 시사하는지 깨달았다. 침묵이 헤아릴

—— 도판 16. 사뮈엘 베케트의 〈고도를 기다리며〉(오토마 크레이차Otomar Krejca 연
출, 1978). 이 작품은 침묵으로 점철되어 있다. 침묵은 때로는 당혹스럽고 때
로는 우스꽝스럽지만 늘 마음을 움직인다. 대화를 통해 타인과 진심으로 소
통하기를 원하는 사람은 '경청하는 침묵'이라고 규정할 수 있는 내면의 침묵
을 계발할 필요가 있다.

수 없이 다양한 의미를 띨 수 있음도 알았다.

　이 5장에서는 애초의 목표였던 '침묵이 건강에 미치는 이로운 효과들을 짚어보기'는 잠시 제쳐두기로 하자. 인간의 의사소통에서 침묵이 얼마만큼이나 언어적 가치가 있는지 보여주기 위해 잠시 샛길로 빠질 예정이다. 진심으로 간절히 소통하고 싶다면 침묵이 차라리 필수 불가결하다. (이 장 끝에서 보겠지만) 내면의 침묵을 포함한 여러 버전의 침묵을 계발해 보자. 이러한 조치가 최고의 명약은 아닐지라도 여러분은 더 나은 경청에 이르게 될 것이며 이는 결코 가볍게 볼 이점이 아니다. 역시 이 분야에서도 과학이 해줄 말들이 많다는 점이 흥미롭다.

입 닥치면 네 말 들을게

　대화에서의 침묵을 다룰 때 자주 인용되는 아일랜드 극작가 조지 버나드 쇼의 말이 있다. "침묵보다 귀한 것은 없다. 그 점에 대해서라면 나는 몇 시간이고 떠들 수 있다." 물론 웃자고 한 말이지만 여기에는 일말의 진실이 담겨 있다. 침묵은 의사소통을 구성하는 한 부분이다. 말과 침묵은 서로 배타적이지 않으며 오히려 서로를 강화하고 보완한다. 어떤 측면에서 말은 그것이 형성되는 침묵이라는 배경을 전제로 한다.[2]

대화 중간중간 발생하는 침묵에는 어떤 종류가 있을까? 일단, 말을 재단하고 기호들의 연속에 리듬을 부여하는 짧은 침묵이 있다. 모든 말에는 그것을 낳는 침묵이 선행하고 그 말을 연장하는 침묵이 그 후에 따라온다(침묵/소리/침묵). 이 공백은 일반적으로 길어야 2초다. 좀 더 긴 침묵, 몇 초를 넘어가는 침묵도 있다. 두 사람 사이의 대화나 집단 내 토론 속에 자리 잡는 침묵이다. 화자에게 이 침묵의 시간은 숙고나 기억의 상기와 관련이 있다.

그중에서도 가장 중요한 침묵은 듣는 이의 침묵이다. 들을 줄 안다는 것은 진정 입을 다물 줄 안다는 뜻이다. 그러려면 대화 상대 앞에서 침묵을 지켜야 한다. 이것은 적극적 과정이며 그저 듣기만 하는 수동적 활동과는 다르다. 프랑스어에서는 '듣다'를 뜻하는 단어가 'entendre'와 'écouter'로 구분된다. 이 구분에 따르면 'entendre'는 들리는 것 모두를 그냥 듣는 것, 'écouter'는 그중 일부분에만 귀를 기울이는 것이다. 그러나 사실, 우리는 별로 듣지 않는다. 다음과 같은 연습을 해 보면 이 말이 사실임을 알 수 있다.

2분간 눈을 감고 주위에서 들리는 소리를 하나하나 꼽아본다. 그 동안 들리지 않았던 소리를 적어도 열 가지는 발견할 것이다. 하늘을 나는 비행기 소리부터 여러분 자신의 숨소리까지, 그 모든 소리는 우리가 의식하지 못했을 뿐 이미 존재하고 있었다.

비워내야만 더 잘 채울 수 있다

경청은 노력을 요구한다. 타인의 생각을 들으려면 내 생각을 조용히 시켜야 한다. 주위의 소리를 잘 듣고 싶다면 물리적 세계가 조용해야 하는 것과 마찬가지다. 여기서 우리는 교류의 근본이 되는 첫 번째 조건을 발견한다. 바로 내면의 침묵이다. 타인과의 대화가 불러일으키는 자신의 생각, 추억, 감정에 침범당하지 않아야만 경청이 가능하다. 사실, 이 내면의 침묵은 굉장히 실현하기가 어렵다. 이러한 침묵을 위해서는 특별한 주의력을 갖춰야 하고, 내게 다가오는 것을 있는 그대로 수용할 여력이 있어야 한다.

타인이 나의 내면에 들어오도록 받아들여야 하는 것이다.

뇌를 비우고 열어두는 것이 이렇게 중요한데도 그러한 상태에 다다르기는 어렵다. 그 이유는 우리가 습관적으로 상호작용을 하고, 메시지를 받으면 반응하고 싶어 하기 때문이다. 흔히들 "보고 싶은 것만 보고 듣고 싶은 것만 듣는다"라고 말한다. 누군가 대화하는 모습을 관찰해 보자. 한 사람이 상대방 말을 끊거나 둘이 동시에 말하는 모습을 으레 목격한다. 상대방 말을 듣지 않으면 귀마개를 한 채로 대화하는 것이나 다름없다. 양쪽 다 자기 내면의 세계를 조용히 시키려는 노력을 하지 않기 때문이다.

혹시 대화 중 "내 생각도 딱 그래", "맞아, 나도 그런 적이 있어"라고 맞장구침으로써 상대방 말을 끊는다면 일방적 대화를 나누고 있을 공산이 크다. 나쁜 의도야 없겠지만 이런 행동은 사실 상대방이 아닌 나 자신의 이야기를 듣고 있음을 알려준다. 나를 내세우고 상대방을 지배하려는 욕망을 잠재워야 한다. 메시지 전체를 완전히 소화한 후에도 뇌에 '다시금 불을 붙여' 전달받은 것을 현명하게 활용하고 반응할 수 있다.

나는 어떤 블로그[3]에서 이를 아주 잘 표현한 문장을 본

적이 있다.

경청은 상대방 말이 완전히 끝날 때까지 내가 무슨 말을 할지
모르는 것입니다.

주의력의 지속 시간은 8초

신경과학은 대화 중인 뇌에 대해 어떤 사실을 알려줄
까? 일단, 상대방 말을 경청할 때 우리가 어려움을 느낀다
는 사실을 확인해 준다. 수많은 연구에서 '주의력 자원'은
한정되어 있음이 나타났다. 특정 자극에 온전히 집중하는
시간은 8초가 될까 말까다. 그러고 나면 주의력은 다른 생
각이나 감각 혹은 자극으로 쏠린다. 이 지속 시간을 경청
에 적용하면 누군가의 말에 전적으로 집중하기가 얼마나
어려운지 실감할 수 있다. 대화한 지 몇 초도 안 되어 우리
의 주의력은 상대방 넥타이 색깔, 지금 마시는 커피의 맛,
주위에서 들리는 잡다한 소음 따위에 쏠리고 어느새 대화
의 가닥을 놓치고 만다.

주의력이 그토록 쉽게 무너지는데 어떻게 끝까지 대화

하는 게 가능할까? 우리가 대화의 가닥을 다시 붙잡는 것은 엄밀히 말해 주의력이 아닌 기억력 덕분이다. 주의력을 어느 하나에 붙들어놓는 시간이 8초밖에 안 되건만 대화를 하는 데는 오랜 시간이 걸리고 그 대화가 얼마나 길어질지는 아무도 모른다. 10초만 지나도 지루해하고 조바심이 나고 딴생각을 하는 우리로서는 대화한다는 것이 얼마나 어려운 일일지 가히 짐작할 수 있다.

경청은 저절로 주어지지 않으며, 아무런 노력 없이 할 수 있는 쉬운 일도 아니다. 아이들이 남의 얘기를 오래 듣고 있지 않는 걸 보면 알 수 있듯이 경청은 선천적이지 않다. 그러니 조금씩 배워나가야만 한다.

언어적 되새김질의 불편함

듣는 법을 안다는 것은 내면의 말을 침묵시키는 것이다. 우리도 모르는 사이에 우리 자신에게 소리 없이 말하고 있을 때가 얼마나 많은가. 머릿속의 이 작은 목소리는 스치듯 지나는 이미지와 연결될 수도, 그렇지 않을 수도 있다. 이 목소리는 남의 얘기를 듣고 있는데 자기 말을 꺼내고,

자신을 내세우거나 투사하는 식으로 말썽을 피우는 경향이 있다. 어느 연구에서 조사한 결과, 사람들은 내면의 말을 듣는 데 인생의 4분의 1을 보낸다.[4] 그러니 정신의 배경음 일부가 되어버린 내면의 목소리에 그다지 주의를 기울이지 않는 것도 어찌 보면 당연하다. 이 목소리는 이미 오래전부터 우리에게 익숙한 후렴구 비슷하다.

이런 습관은 심리학자들이 사적 언어라고 일컫는 것과 더불어 아주 어린 시절 시작된다. 아이는 모형이나 인형을 가지고 혼자 놀면서도 소리 내어 말을 한다. 마치 누군가와 함께 노는 것처럼 행동하는데 남이 자기 말을 듣지 않는다는 사실에 개의치 않고 상대방 반응도 기대하지 않는다는 뜻이다. 달리 말해 이것은 완전히 자기중심적인 언어다.

장 피아제 등 많은 심리학자들은 아이는 자기 자신과는 다른 관점을 채택할 수 없고 타인과 대화를 할 수 없기에 이러한 독백을 한다고 보았다. 아이가 성장하며 사회화가 되면 혼자서 말하는 버릇은 점차 사라진다. 그렇지만 정신에서까지 완전히 없어지지는 않고 은밀하게 평생 지속된다.

유독 이 목소리가 잘 들릴 때가 있다. 정서적 충격을 받았을 때, 이를테면 직장 동료나 가족과 대판 싸우고 난 후에는 내면의 소리가 증폭되며 그때부터 밤낮으로 '~할 수도 있었는데', '~할걸', '~했어야 하는데' 하는 생각이 끊임없이 되풀이된다. 반복, 염려, 언짢음…. 이 소리 없는 '언어적 되새김질'이 심하게는 몇 달 동안이나 뇌리를 떠나지 않는다. 그러면 일에 집중하기 어렵고 밤이면 잠을 설친다.

이러한 불편함은 종종 상대방 말을 경청하는 어려움과 중첩된다. 또한 부정적인 내면의 말은 지속적으로 스트레스와 고통을 가하는 자학의 한 형태가 될 수 있다. 심리학자들은 이렇게 불만스러운 감정이 우울증, 불안증, 중독 등 다양한 심리 장애를 불러온다는 사실을 알고 있다.

우리는 공감하도록 진화했다

타인의 말을 들을 때는 우리 안의 말썽꾸러기 꼬마를 조용히 시키고 무언無言의 경청을 실천해야 한다. 우리가 타인과 참된 관계로 맺어질 때 뇌에서는 어떤 일이 일어날까? 이때 뉴런들이 어떻게 작동하는지 살펴본 연구가 있다. 놀랍게도 이 과정은 음악을 듣거나 정치 연설을 들을 때와는 사뭇 달랐다.

연구자들은 무언의 경청이 감정이입, 즉 타인의 정신 상태를 표상할 수 있는 능력을 바탕으로 한다고 알려준다. '타인의 입장에 서는' 이 능력은 영장류의 진화 과정에서 형성된 매우 오래된 특징이다. 사람들은 누군가 고통받는 모습을 볼 때 영향을 받으며 대체로 불편한 기분을 느낀다. 이 능력은 확실히 인간 종의 생존에 중요한 역할을 했다. 예를 들어 통증을 겪는 사람을 보면 우리는 타인의 고통을 확인하면서 나 자신에게 미칠 수 있는 잠재적 위험을 깨닫는다. 이는 본능적이고 반사적이고 자동적인 반응이다.

이 모든 일이 뇌에서 어떤 식으로 작용할까? 1990년 중반 거울 뉴런이 발견되면서 이 메커니즘에 대한 이해의 물꼬를 튼다. 직접 어떤 행동을 할 때 그리고 타인이 그 행동을 하는 것을 볼 때 인간에게서는 특수한 신경세포들이 똑같이 활성화되기에 거울 뉴런이라는 이름이 붙었다. 맨 처음에는 원숭이에게서 거울 뉴런을 발견했다. 그 후 뇌 영상 연구를 통해 인간에게도 영장류와 비슷한 위치에 거울 뉴런 시스템이 있음을 밝혀냈다.

거울 뉴런은 인류의 진화사에 아주 깊이 뿌리를 내리고

있다. 우리의 내면은 이 세포들을 매개로, 마치 여러 뇌가 와이파이로 연결되듯이 타인의 내면과 직접 소통하고 공명에 들어갈 수 있다.[5]

극장에서의 감정이입

"신경과학은 거울 뉴런의 발견으로 배우들이 오래전부터 알고 있는 사실을 이제야 이해하기 시작했다."

영국의 유명 연출가 피터 브룩의 이 말은 단순한 농담이 아니다. 관객은 무대 위 배우를 보면서 그 공연을 현실로 체험한다.[6] 실제로 극장이나 영화관은 정서적 공명을 위한 이상적 틀을 제공한다. 극예술의 특징적 요소는 바로 대중의 '감정이입'이다. 공연이나 상영은 그저 관객의 마음을 움직이는 데서 나아가 등장인물과의 동일시를 끌어내고 그 인물이라면 경험할 법한 감정과 생각을 불러일으킨다.

나는 극장에서 연극을 관람할 때마다 이 현상이 발휘하는 효과를 나 자신에게서 관찰한다. 내가 보는 것은 '현실'이 아니다. 그러므로 아무 위험도 없음을 잘 안다. 그럼에도 나를 관통하는 충격은 측정 가능한 신체적 변화와 진실한 감정적 반응을 동반한다.

학술지가 보고하는 브루노 위커와 그 동료들의 실험은 상황을 현실로 경험하는 듯한 느낌이 어떤지 명징하게 보여주었다. 연구진은 피험자들을 특정 냄새에 노출시킨 다음, 그 냄새를 맡았을 때의 반응을 연기하는 직업 배우들의 표정을 찍은 사진을 보여주었다.[7] 맡으면 기분 좋은 냄새도 있고 구역질이 나는 냄새도 있었다. 연구진은 이때 피험자들의 뇌에서 활성화되는 영역들을 비교했다. 피험자들이 냄새를 맡고 어떤 감정을 느낄 때 그리고 그 냄새를 맡은 배우의 표정을 보고 감정을 전달받을 때 동일한 영역(앞배쪽 섬엽)이 활성화되었다.

요컨대 이 연구는 지각과 행동은 직접적 연관이 있고 이 때문에 관객이 (때로는 자기 의지와 상관없이) 배우와 '공명'한다는 사실을 알려주었다.

훌륭한 경청은 생물학적으로 이롭다

이 연구들은 무언의 경청이 왜 모든 이의 일상에 유익하

— 도판 17. 프랑스 조각가 앙리 드 밀러의 작품 〈경청L'Écoute〉(1986). 파리 포
럼 데 알과 생 외스타슈 성당 사이에 있는 이 조각상에 작가는 다음과 같은
문장을 붙였다. "지하의 소리에 귀를 기울이던 이 조각은 상상의 조류에 떠
밀려 한 알의 조약돌처럼 시간의 해안에 우연히 좌초되었다." 소란스러운 거
리 한복판에 설치된 이 작품은 잠시 발길을 멈춘 이들에게 도시의 소음에 주
의를 기울이는 순간을 선사한다.

고 여러 가지 이점을 제공하는지 이해하게 해준다. 누군가 내 이야기를 잘 들어줄 때 기분이 좋아진다는 것은 누구나 자연스레 아는 사실이다. 우리는 사람들에게 둘러싸여 살아가야 한다. 그중에서도 우리가 사랑하는 사람들, 우리를 따뜻한 시선으로 바라보는 사람들과 함께해야 한다. 이는 생물학적으로도 유익하며 그 효과의 근원은 의심의 여지 없이 개인사에 깊이 뿌리내리고 있다.

실제로 아기와 엄마의 눈맞춤은 뇌 발달을 보장하는 가장 중요한 메커니즘이다.[8] 이 최초의 긍정적 감정들은 신경계와 면역 체계의 구성을 강화하는 신경전달물질과 호르몬 합성을 촉진한다. 이로써 삶의 불가피한 스트레스 상황에 대해 내성을 키우며, 시간이 흐르고 어른이 되어도 그 필요성은 줄어들지 않는다. 누군가 자신의 말을 경청한다고 느끼고 자신이 사랑받는다고 생각할 때는 마치 '세간의 일부'가 된 듯한 외로움을 맛보지 않는다. 가족 간에, 친구끼리, 사제 간에, 환자와 간병인 사이에 경청을 잘 유지한다는 것은 조화로운 관계가 이뤄짐을 의미한다.

자발적인 혹은 상대방이 유도한 단순한 미소를 공유하는 순간은 놀랍도록 안녕감을 불러일으킨다. 이 멋진 순간

의 이점을 우리는 잘 알고 있다. 한 연구는 억지로라도 60
초간 미소를 지으면 뇌가 긍정적 메시지를 받아 코르티솔
(스트레스 반응 호르몬) 수치가 떨어진다는 것을 보여주었다.[9]
이러한 쿠에 요법(프랑스 약사 에밀 쿠에가 플라세보 효과를 확인
하고 이를 발전시킨 자기 암시법 — 옮긴이)은 자율신경계(1장 참조)
를 매개로 심박수와 혈압을 낮추는 효과도 있다. 미소 지
을 때 뇌는 천연 모르핀인 엔도르핀을 생성하여 진정 작용
을 하고 안정 효과를 발휘한다. 이 전체 과정은 궁극적으
로 더 나은 신진대사와 강건함으로 이어진다. 이런 관점에
서 볼 때 타인의 말을 경청하는 것이 행복의 기본 요소 가
운데 하나라는 말은 과언은 아니다.

경청과 생존 확률의 관계

제대로 된 경청이 건강에 미치는 유익함은 과학으로 검
증되었다. 그 효과는 실로 엄청났다. 유방암 치료를 받는
여성들을 대상으로 한 연구에 따르면 "의지할 수 있는 친
구가 한두 명 있는" 환자는 조사 기간 중 사망 확률이 4분
의 1이었다.[10] 주로 같은 여성인 참된 '길동무'가 엄청난 차

이를 만들었다. 남편이 있고 없고는 생존 확률에 전혀 영향을 미치지 않았다…. 진정한 친구들이 내 이야기를 잘 들어준다는 것은 여러 면에서 생명 유지에 필수적이다.

이 놀라운 효과는 의사의 경청이 차지하는 중요성으로도 확인된다. 매사추세츠의 하버드대학교 연구진은 의사와 환자의 관계가 진료 결과에 직접적 영향을 준다고 보고했다.[11] 경청을 장려하는 조치들은 혈압, 체중 감소, 고통지수 등 측정 가능한 효과로 건강 상태에 반영되었는데 충분히 예상 가능한 결과였다. 나의 고통을 말로 표현할 자리가 있고 의료진이 내 이야기를 들어준다고 느낄 때 환자는 자신의 생활을 잘 통제할 수 있고 괴로움과 스트레스에 대처할 힘이 생긴다.

그러므로 의사가 (컴퓨터 모니터보다) 환자의 눈을 바라보고, 환자가 증상을 설명하는 동안 방해하지 않고 오히려 환자의 말을 끌어내기에 적절한 질문을 던지는 것은 별것 아닌 관심의 표시가 아니라 진정한 임상 능력이다.

적극적 경청의 창시자 칼 로저스는 위대한 심리학자이자 휴머니스트였다. 적극적 경청은 잘 들어주는 것을 핵심으로 삼는 선의의 소통 방법이다. 이 방법은 대화를 통해 상대방이 자신의 가장 좋은 면을 표현하도록 돕고자 한다. 로저스는 이 원리를 완벽하게 묘사했다.

상대방이 내 말을 잘 들어줄 때 나의 내면을 새로운 눈으로 바라보고 전진할 수 있다. 누군가가 내 얘기를 경청하는 순간 크나큰 두려움이 견딜 만한 감정이 되니 참으로 놀랍다. 절대로 풀 수 없다고 생각한 문제가 내게 귀 기울여주는 사람 앞에서는 해결 가능한 것으로 변하다니 얼마나 경이로운가.[12]

옥시토신의 놀라운 힘

내 말을 누군가가 경청할 때 나에게 미치는 이로운 효과는 부인할 수 없다. 하지만 경청하는 이에게도 많은 이점이 있다는 사실은 더욱 놀랍다.

옥시토신이라는 호르몬을 들어보았을 것이다. 옥시토신은 타인에게 공감하고 누군가의 말을 성실하게 경청할 때 시상하부(뇌의 중심에 있는 작은 기관)에서 분비되는 호르몬이다. 이 호르몬은 차분함, 신뢰, 안전한 느낌과도 관련이 있다. 특히 출산 직후 여성의 뇌에 풍부하며 모성애 및 어머니와 아기의 유대감을 촉진하는 호르몬으로 잘 알려져 있다. 뿐만 아니라 경청이나 타인에 대한 애착 같은 다양한 대인행동에도 영향을 미친다.

최근의 연구에 따르면 옥시토신은 뇌에 긍정적 영향을 미치는 것으로 밝혀졌다. 혈액 속으로 방출되거나 뇌에서 직접 분비되는 이 호르몬은 피험자들이 인물 사진을 보고 24시간 후까지 사진 속 얼굴을 인식하고 기억하는 능력을 향상시켰다.[13] 게다가 타인의 감정을 알아차리는 데도 도움이 되었다.[14] 사실 놀라운 일도 아니다. 타인과 적절히 상호작용하려면 그 사람이 느끼는 감정을 정확히 파악하는 것이 필수이기 때문이다. 이처럼 경청은 '사회적 능력'을 발달시키는 데 중요한 역할을 하며, 특히 타인의 생각과 감정을 더욱 잘 인식할 수 있도록 돕는다.

옥시토신은 사회적 관계에 이로울 뿐 아니라 진통 효과와 면역계 강화 효과도 있다. 따라서 건강에도 중요한 역할을 할 가능성이 크다. 그저 타인의 말을 잘 듣기만 해도 이토록 이점이 많다니 놀랍지 않은가.

나의 말에 대한 경청을 원하는 것은 인간의 기본 욕구다. 심지어 이 욕구가 실존 전체를 떠받친다고 말할 수 있다. 아이 말을 잘 듣고 이해할 때 아이의 마음이 열린다. 어른이 아이의 감정에 귀 기울일 때 아이에겐 믿음이 생기고 긴장이 풀리며 아이의 마음은 편안해진다.

역으로, 경청을 위한 침묵은 말의 다른 측면으로서 말과 떼려야 뗄 수 없으며 아주 어릴 때부터 배우고 익혀야 한다. 경청할 줄 안다는 것은 남의 말 끊지 않기, 타인은 나와 다르다는 사실을 인정하기, 말할 차례 기다리기, 남이 말하는 모습을 충분히 지켜보기 등 집단 내에서 말을 주고받을 때의 규칙을 배우는 것이다. 좋은 침묵은 매일 조금씩 자라난다. 발표법이나 자신을 선전하는 법뿐 아니라 경청법을 학교에서 가르치도록 제안하고 싶다.

6장

눈의 침묵

"그러나 우리가 눈으로 보는 것과 다른 그 검은색은,
말하자면 색들의 부재라는 것에서 나온 색들로
전율하고 있었다. 검은색은 창백한 초록색이
되었다가 다시 순백색이 되었다. 백색은 붉은
금빛으로 변환되었지만 원래의 검은색은 가시지
않았다. 그건 마치 하늘의 별들과 북극의 오로라도
여전히 밤의 어둠 속에서 꿈틀거리는 것과 같았다."
— 마르그리트 유르스나르,《어둠 속의 작업》

세상에는 점점 더 갖가지 자극이 넘쳐난다. 그래서 때때로 블라인드를 내릴 필요가 있다. 잠시 후퇴하여 자신에게로, 본질적인 것으로 돌아가기 위해…. 이탈리아 작가 이탈로 칼비노에게는 시간을 내어 위대한 고전 문학 작품을 읽는 것이 그 하나의 방법이었다.[1] 비슷한 맥락에서 미술관을 방문하는 것도 독서가 그러하듯이 정보와 소음의 과잉을 치유하는 효과를 낼 수 있다. 컴퓨터 화면만 들여다보면서 스트레스와 피로가 누적된 상태라면 조용히 그림을 관조하는 시간을 가져보자. 그 한두 시간은 사물을 바라보는 시선을 살아나게 하는 놀라운 힘이 있다. 모든 예술 작품에는 눈에 보이는 것 너머의 비밀스러운 공간이 있는데 진정한 시선을 던질 줄 아는 사람에게만 보이는 공간이다.

나에게 이런 생각을 강렬하게 불러일으킨 예술가는 프랑스 화가 피에르 술라주다. 그가 음악가였다면 침묵의 대가가 되었을 것이다. 술라주는 1979년부터 강박적으로 색의 부재, 다시 말해 검은색의 탐구에 천착했다. 그의 작품은 죄다 검은색 일변도인데 화가 자신은 이 '단색화' 하나하나를 세상에 유일무이한 그림으로 여겼다. 반사광의 미묘한 차이에 따라 이 캔버스들은 복잡다단한 질감을 드러내면서 짙은 검정에서 밝은 회색까지 변화를 보이고, 심지어 파란색으로도 보인다.

술라주는 이러한 빛반사 현상을 가리키는 단어를 만들었다. 이름하여 '우트르누아르outrenoir'(검은색 너머)를 그는 이렇게 설명한다.

검은색에 의해 변환된, 검은색 너머의 빛. '라인강 너머outre-Rhin'(독일)나 '영불해협 너머outre-Manche'(영국)가 외국을 가리키듯 '검은색 너머'는 다른 나라를 가리키며, 단순한 검은색과는 다른 심리적 장을 뜻한다.

술라주의 작품은 디지털 기기 화면에 늘 흘러넘치는 색색의 이미지에 지배당하는 우리의 세계와 정반대 세계를 보여준다. 이 말 없는 그림은 모든 요청과 표상, 심지어 해석에서도 자유롭다. 나는 그의 작품을 바라보며 시각적 침묵이 주는 편안하고 감미로운 순간을 즐긴다.

휴식은 눈을 통해 이루어진다

50년 전만 해도 눈의 휴식은 직업환경의학에서 고민거리 축에 들지 못했다. 상황이 달라져 오늘날엔 스마트폰, 컴퓨터, 텔레비전 등이 생활을 지배하고 우리의 눈은 아침 기상 직후부터 밤 늦게까지 이 기기들의 너무 밝은 빛에 노출된다. 여러 연구를 통해 프랑스 전체 인구 중 60퍼센트는 하루 여섯 시간 이상 디지털 기기의 화면을 들여다본다는 사실이 밝혀졌다. 뇌에 심각한 악영향을 미치는 이런 습관을 더는 방치해서는 안 된다. 블루라이트를 많이 방출하는 인공조명(LED 조명은 자연광에 대비해 블루라이트가 5배나 많다)에 장시간 노출되면 신경계를 안정화하는 몇몇 메커니즘에도 문제가 생긴다.

해가 지고 어둠이 깔리면 눈은 뇌의 작은 분비샘(솔방울샘)에 수면 촉진 호르몬 멜라토닌을 분비할 때가 됐다는 신호를 보낸다. 하지만 망막이 계속 빛에 노출되면 멜라토닌 생성은 더뎌지거나 아예 막혀버린다(이렇게 디지털 기기의 빛에 계속 노출되는 사람은 태블릿, 스마트폰, 컴퓨터를 쓰지 않는 사람에 비해 뇌 속 멜라토닌 농도가 3~6배나 낮다). 이 때문에 잠들기가 어렵고 생체리듬이 흐트러지니 결국 수면 장애로 이어진다.

디지털 기기 화면에 지속적으로 노출되면 장기적으로 뇌의 화학 작용이 크게 변화되고 심각하고 만성적인 금단 증상이 나타난다. 그러니 잠들기 전 두어 시간은 화면을 보는 것을 반드시 삼가야 한다. 그러나 이 권고는 전혀 지켜지지 않는다. 프랑스인 열에 아홉은 저녁마다 신기술에 푹 빠져 살며[2] 36퍼센트는 침대에 누워서도 스마트폰과 태블릿, 노트북을 내려놓지 않는다.

눈을 감을 줄 아십니까?

눈은 어둠이 필요하고 시각의 침묵을 원한다. 인공조명의 위험성을 경고하는 말들은 논외로 하더라도 어둠이 우리의 안녕감과 균형에 필수적이라는 변함없는 사실을 잊어서는 안 된다. 장시간 화면을 들여다본 후에는 반드시 눈을 쉬게 해줘야 한다. 피에르 술라주의 검은색 캔버스를 바라보는 것도 눈의 피로를 푸는 하나의 방법이다. 혹은 일하다 한 번씩 눈을 잠시 감는 것도 좋다.

그런데 눈을 감고 있어도 미량의 빛은 새어 들어온다. 확실한 어둠을 조성함으로써 눈의 피로를 풀 방법은 없을까? 1920년, 영국 안과전문의 윌리엄 베이츠는 '파밍palming'[3]이라는 간단한 방법을 제안했다. 이 영어 단어는 '손바닥으로 감싸기'를 뜻하며 다음과 같이 실행한다.

두 손을 맞대고 손바닥이 따뜻해질 때까지 문지른다. 따뜻해진 손바닥으로 눈을 부드럽게 가린다. 이때 손바닥 아래쪽은 광대에, 손가락은 이마에 닿는다. 눈을 뜨고 몇 분간 시각의 침묵을 누린다. 이로써 어둠은 망막을 쉬게 해주고, 손바닥에서 전달되는 온기는 눈 주위와 안쪽 근육의 긴장을 풀어준다.

처음에는 완전한 어둠이 아닌 색색의 작은 섬광이 보일 수 있다. 신경계의 지속적 흥분 상태를 반영하는 이 섬광들은 신체가 이완되면서 서서히 사라진다. 눈을 수동적으로 이완시키는 것은 과도한 근긴장과 그에 수반되는 심리적 긴장을 빠르게 해소하는 확실한 피로 해독제다.

대문호 올더스 헉슬리는 《보기의 기술》에서 시력에 심각한 위기가 닥쳤으나 베이츠 요법으로 극복하고 집필 생활을 이어갈 수 있었다고 밝히기도 했다.

무지막지한 시각 데이터

누구나 올더스 헉슬리가 한 방법을 따라 할 수 있다. 디지털 사회는 시각적 휴식의 여지를 거의 주지 않는 반면 시각은 우리 삶에서 가장 많이 요구되는 감각이다. 실제로 감각을 연구한 결과, 환경 관련 정보를 취득할 때 시각이 여느 감각들에 비해 단연 중요하다는 사실이 드러났다. 사실 눈은 뇌의 외부 부속물이라는 점에서 다른 감각 기관들과는 다르다. 눈의 기원을 이해하려면 이 생물적 '카메라'의 기술적 특성을 분석해야 한다. 카메라는 해상도가 보통 700~1200만 화소인 데 비해 눈의 해상도는 1억 2600만 화소나 되니까!

이 엄청난 데이터의 흐름을 처리하려면 활발한 신경 흐름이 요구되고 뇌는 엄청난 작업을 처리해야 한다. 신경생물학자들은 피질의 85퍼센트가 눈이 보는 것(형태, 색상, 거리 등)을 해석하는 작업에 동원된다고 판단한다. 이에 비해 청각 정보 처리에는 9퍼센트가 쓰이고, 후각과 촉각 정보 처리에 쓰이는 피질을 다 합쳐도 6퍼센트밖에 되지 않는다.

그러니 단순히 눈을 감는 것만으로 뇌에 큰 영향을 줄 수 있다는 사실은 납득이 간다. 뇌에 도달하는 정보 가운데 가장 큰 지분을 일시적으로 차단함으로써 뇌가 휴식하고 디폴트 모드 네트워크(1장 참조)를 촉진할 수 있는 것이다. 의식에 도달하는 정보가 줄어들면 뇌파는 자동으로 느려진다. 이때 뇌의 전기 활동은, 특히 시각 기능이 위치하는 머리 뒤 영역에서 1초당 8~12사이클 정도로 떨어진 느린 주파수로 진행된다. 가벼운 이완과 평온 상태일 때의 뇌파와 일치하는 결과다. 이로써 환경의 존재감이 약해지고 생각의 리듬이 차츰 가라앉으면서 내적 주의력에 힘이 실린다.

달리의 잠들지 않는 낮잠

시각적 침묵은 뇌를 잘 쉬게 하여 '잠들지 않는 낮잠'이 가능하게 해준다. 믿기지 않는다면 다음과 같은 실험을 해보기 바란다.

> 잠시 소파나 침대에 누워 눈을 감는다. 그러면 잠들지 않은 채 눈만 감고 있어도 휴식과 재충전에 도움이 된다. 깨어 있지만 신체가 자연스레 이완되고 정신은 잠시 쉼을 얻는 생리적 상태에 도달한다. 스트레스와 긴장 해소에 분명 효과가 있는 방법이다!

화가 살바도르 달리는 각성 상태의 낮잠을 자주 즐겼다. 그는 주로 밤에 많은 작업을 했기에 낮에 요령 있게 빨리 재충전을 해야 했다. 그래서 개발한 방법이 눈을 감고 휴식하되 한 손에 열쇠를 쥐고 그 아래쪽에 접시를 하나

놓아두는 것이었다. 달리가 말하길 톨레도의 프란치스코회 수도승들이 쓰던 방법으로, 진짜로 잠이 들어버리면 손에서 열쇠가 떨어져 접시에 부딪혀 큰 소리가 나기 때문에 퍼뜩 잠에서 깰 수밖에 없다. 이 기발한 방법 덕분에 달리는 잠시 동안 휴식을 즐기면서도 완전히 곯아떨어지는 일은 피할 수 있었다. 그는 이처럼 재생시키는 휴식의 이점을 설명하기도 했다.

의식을 거의 놓다시피 하는, 정말로 잠이 들었었는지도 확신할 수 없는 이 잠깐의 시간으로 온전히 충분하다. 여러분의 신체적이고 정신적인 존재存在 전체가 휴식하는 데 1초 이상 필요하지 않기 때문이다.[4]

달리의 휴식은 대체로 10분 정도였다. 보통 사람들에게 잠 없는 낮잠을 자기에 이상적인 시간은 어느 정도일까? 오스트레일리아에서 두 연구자가 이 문제를 파고들었다.[5] 그들은 전날 밤 다섯 시간밖에 못 잔 피험자들을 대상으로 5분에서 30분까지 휴식 시간을 단계적으로 달리했을 때 뇌의 활동성에 어떤 변화가 나타나는지 관찰했다. 그 결과 이상적 휴식 시간은 10~15분인 것으로 드러났다. 휴식으로 얻을 수 있는 이점들에 비하면 사실 짧은 시간이다.

일과 중 한 번씩 눈을 감고 쉬는 습관은 정신건강에 매우 좋다. 현대인은 몇 분 이상 눈을 감고 있기도 어려운 실정이다. 쉽진 않겠지만 배터리를 충전하고, 스트레스를 내려놓고, 신체를 아끼는 소중한 시간을 누릴 수 있는 상황과 공간을 찾기 바란다. 속도를 늦출 줄 알아야 더 빠르게 달려나갈 수 있는 법이다.

뇌의 미세 휴식

시각의 침묵은 뇌에 매우 중요하다. 사람들이 자기도 모르게 수시로 눈을 쉬게 해주는 것도 그래서이며 우리가 눈을 깜박이는 이유이기도 하다! 사람들은 1분에 15~20회 꼴(하루 동안 2만 8000번!)로 눈을 깜박인다. 한 번 깜박이는 데 걸리는 시간은 0.3초, 이것만으로도 깨어 있는 시간의 10퍼센트는 눈을 감고 있는 셈이다! 이 수치가 놀라운 이유는 눈 깜박임이 거의 의식하지 못할 만큼 평범하고 자동적인 행동이기 때문이다.

오랫동안 과학자들은 눈을 자주 깜박이는 이유가 소중한 안구의 습도 유지를 위해서라고만 생각했다. 단 한 가지 사소한 점을 빼면 이 가설을 의심할 이유가 없었다. 그건 바로 눈 깜박임의 빈도가 안구 건강에 필요한 수준보다 훨씬 높다는 점이었다. 2013년에야 오사카대학교 신경과학자들이 이 간극은 눈이 휴식해야만 하는 불가피성 때문이라는 설명을 내놓았다.

연구진은 실험에 참여한 성인들에게 영국의 코미디 프로그램 〈미스터 빈〉[6]을 보여주었다. 피험자들이 영상을 감상하는 동안 그들의 뇌 활동을 fMRI로 추적하고 눈 깜박임 빈도를 기록했다. 어떤 결과가 나타났을까? 눈을 깜박이는 찰나의 순간에도 뇌가 외부 자극(영상)에 주의를 집중하는 모드에서 다른 모드로, 즉 디폴트 모드 네트워크(1장 참고)의 활성화로 잠시 동안 넘어가는 것을 관찰할 수 있었다! 결국 뇌가 흘러 들어오는 정보를 잠시 차단하고 쉬어간다는 뜻이다. 이 모든 것이 불과 0.3초 사이에 일어난 일이다.

의식의 칠판 지우기

눈꺼풀이 닫혔다 열리는 사이에 뇌는 해야 할 일에 대한 주의력을 잠시 해제하고 초치기 휴식을 취한다. 눈 깜박임은 의식의 칠판 지우기라고도 할 수 있다. 칠판을 처음 상태로 돌리려면, 아니 적어도 사용 가능한 여백을 더 많이 만들려면 지우개질이 필요하다. 이러한 해석은 뇌 자원을 많이 소모하는 일을 할 때 눈을 더 많이 깜박인다는 관찰 결과와도 맞아떨어진다.

오사카대학교 연구진은 동일한 영상을 시청하는 사람들의 눈 깜박임이 동시화된다는 사실도 발견했다.[7] 영화관에서 관객들의 눈 깜박임은 영화가 주의력을 덜 요구하는 바로 그 시점에 동시에 일어난다. 이를테면 등장인물의 대사가 끝났을 때, 뒤돌아설 때, 어떤 장소에서 퇴장할 때, 장면이 전환될 때 등이다. 그러다 다시 주의를 기울여야 할 국면이 펼쳐지면 관객은 눈 깜박이는 시간도 아깝다는 듯 화면에 집중한다.

기쁠 때 눈을 감는 이유

눈을 감는 것이 단순히 긴장을 풀거나 상상의 나래를 펼치는 방법은 아니다. 감미로운 키스를 나누는 연인들을 떠올려보자. 그들은 자연스럽게 눈을 감는데 이 행동은 이런 상황에서 거의 보편적으로 보이는 반응이다. 눈을 감으면 뇌가 다른 감각들에 더 집중할 수 있기 때문이다.[8] 시각이 차단되면 청각, 촉각, 미각, 후각 같은 감각들이 좀 더 생생해진다. 쾌감을 느낄 때 자연스럽게 눈을 감는 이유는 그 즐거움을 배가하기 위함이다.

타인의 감정을 이해하려면 기본적으로 시각과 청각을 활용해야 한다고 생각하기 쉬운데 눈을 감으면 타인의 감정을 더 잘 인지할 수 있다는 사실은 매우 놀랍다. 시각은 상대방 표정과 몸짓을 해석하는 데, 청각은 상대방 말투를 분석하는 데 필요하다. 시신경에는 청신경보다 18배나 많은 뉴런이 있으므로 감정이입에 관해서도 시각이 청각보다 우세할 것으로 예상된다. 그런데 2007년에 이루어진 한 연구[9]가 실상 그 반대임을 보여주었다. 가까운 이들의 감정을 제대로 파악하고 싶다면 눈길을 주기보다 그들의 목소리에 집중하라.

　미국 예일대학교 연구진은 이를 입증하기 위해 1800명 이상의 피험자가 타인의 감정을 파악해 보는 다양한 실험을 진행했다. 한쪽 집단은 특정 인물의 목소리만 들은 반면, 다른 한쪽 집단은 이 인물이 말하는 영상을 무음으로 시청했다. 실험 결과는 당혹스러울 정도였다. 시각은 삶의 도처에 존재하다 보니 과대평가받는 경향이 있는데 예상과 달리 인물의 얼굴도 보지 않고 목소리만 들은 사람들이 전반적으로 인물의 감정을 더 잘 알아차렸다.

　이제 누군가의 마음이 궁금하다면 눈을 감고 그 사람의 음성에 귀 기울여보기 바란다.

당신의 목소리만으로도

　감정이입 관련 연구가 항상 표정에 중점을 두었던 만큼, 과학자들은 예일대학교의 연구 결과에 놀랄 수밖에 없었다. 어째서 음성이, 특히 그것이 유일한 단서일 때는 더욱 더, 감정이입을 강력히 촉진하는 소통 양식이 될까? 사실 답은 간단하다. 인간은 음성에 관한 한 전문가이기 때문이다. 사람들은 목소리만 듣고도 겨우 0.5초에서 1초 만에 공포, 기쁨, 슬픔, 중립성 같은 감정을 읽어낸다.[10]

이 전문적 소양의 또 다른 특징이 있다. 바로 이러한 능력이 아주 어릴 때부터 발달한다는 것이다. 생후 3~7개월 아기들에게 슬픈 목소리를 들려주면 그에 대한 반응으로 뇌에서 특정 영역의 활동이 변화된다는 사실이 신경 영상 연구들로 밝혀졌다.[11] 특히 심리학 용어로 '감정 운율emotional prosody'이라고 하는 음성의 감정적 색채는 아기와 어른의 결정적 소통 형식이다. 무엇보다도 음성에 배어 있는 감정을 인식하는 능력은 아주 어릴 때부터 발달할 뿐 아니라 모든 문화권에 공통적이다. 한 번도 접하지 못한 언어로 표현되는 목소리의 감정까지 추론할 수 있을 정도다.[12] 이러한 생물학적 소질은 언제 어디서든 자유롭게 발현된다. 자연스럽게 눈을 감는 것은 이 순간의 즐거움을 배가하기 위함이다.

마르셀 프루스트는 진즉에 소리가 이미지보다 우월하다는 사실을 간파했다. 이러한 직관은 《잃어버린 시간을 찾아서》의 한 아름다운 대목에 영감을 주었다. 화자는 할머니와 처음 전화 통화를 했을 때(당시엔 전화기가 흔치 않은 물건이었다)를 떠올리면서 그 사건이 얼마나 놀랍고 충격적이었는지 회상한다.

나는 할머니의 목소리가 얼마나 부드러운지를 처음으로 알아차렸다. (…) 섬세하다 못해 연약한 그 목소리는 금방이라도 깨어질 듯했고 순수한 눈물의 홍수 속으로 소멸될 것만 같았다. 얼굴이라는 가면 없이 들은 그 목소리만을 내 곁에 가지게 되자 나는 이윽고 삶을 살아가는 동안 그 목소리에 금이 가게 만든 온갖 슬픔에 난생처음 주목하게 되었다.[13]

감정의 불꽃놀이

시각의 침묵은 소리의 지각을 촉진한다. 음악을 들을 때도 이 원리가 유효할까? 눈을 감으면 음악적 쾌감에 어떤 변화가 일어날까? 뉴욕대학교와 텔아비브대학교의 과학자들은 눈을 감고 음악을 들을 때 뇌에서 일어나는 변화에 주목했다.[14] 첫 번째 fMRI 사진부터 연구자들은 예상치 못한 놀라운 결과와 맞닥뜨렸다. 눈을 감고 감정을 고양하는 음악을 듣자 뇌에서 '불꽃놀이'가 시작되고 여러 영역이 한꺼번에 활성화되었다.

정확히 어떤 영역이었을까? 주로 청각 영역과 전두피질, 바로 인간 뇌에서 가장 늦게까지 발달하는 영역들이다. '정교한 신경 기능'이 위치하는 대뇌피질에 자리하는 영역들로 특히 전두피질은 음악을 평가하고 추억이나 개인적 감상을 결부시킨다.

연구진은 피질 아래 더 깊이 자리한 영역들이 활성화되는 것도 관찰했다. 매우 오래된 이 영역들은 일반적으로 음식, 섹스, 약물(코카인) 등 좀 더 직접적 쾌감과 결부된다. 바로 이곳, 뇌 깊은 곳에 이른바 보상 회로가 자리 잡고 있어서 반복적으로 쾌감을 주는 행동을 하게 만든다. 신경학자 피에르 르마르키가 잘 설명했듯이[15] 우리는 이 회로를 매개로 순식간에 억제할 수 없는 순수한 감정에 휩싸이며, 그 감정은 소박한 미소와 기쁨이나 슬픔의 눈물을 자아낸다.

보상 회로의 활성화는 음악의 정서적 위력을 설명해 준다. 좋아하는 음악을 들으면 하늘을 나는 듯한 행복감을 느끼고 그 음악에 중독되다시피 듣고 또 듣는 것도 보상 회로의 작동 때문이다. 그것은 음악의 마지막 소절이 끝나면 왠지 모를 '결핍'을 느끼는 이유이기도 하다.

알람 시스템의 활성화

눈을 감고 음악을 들을 때 편도체가 활성화된다는 사실은 더욱 놀라울 따름이다. 편도체는 측두엽 안쪽 면에 위치한 아몬드 모양의 구조다.[16] 본래 편도체는 위협적인 일이 닥치거나 위험하고 무서운 상황에서 강력하게 활성화된다. 가령 숲속을 산책하다가 뱀 모양 나뭇가지를 발견하면 순간적으로 편도체가 활성화되면서 도주 반응에 시동이 걸린다. 요컨대, 편도체는 일종의 알람 시스템이다.

편안하게 음악을 듣는데 이 편도체가 날뛰는 이유는 무엇일까? 눈을 감으면 환경을 잘 지각할 수 없기 때문에 다소 불안한 느낌이 든다. 뇌는 이 일시적인 어둠 속에서 좀더 경계심을 갖고 소리 하나하나에 집중한다.

스트레스 상황에서 편도체가 나타내는 반응은 눈을 감으면 감정이 증폭되고 슬픈 음악을 들으면 눈물까지 흘리게 되는 이유를 설명해 준다. 결과적으로 감정 상태 인식에 대한 민감성이 자연스레 증폭되는 것도 그런 이유에서

다. 결국 모든 일은 시각의 침묵이 감정의 음량을 높여주는 식으로 진행된다.

기억력의 증진

시각의 침묵은 '기억의 음량'도 높여준다. 기억을 더듬어 뭔가를 떠올릴 때 사람들은 곧잘 눈을 감는 경향이 있다. 이는 자동적 행동이므로 눈을 감는다고 해서 반드시 효과가 있는지는 분명치 않았다. 그런데 영국 서리대학교 연구진은 놀라운 방식으로 그 효과를 확인했다.[17] 연구진은 실험 자원자들과 함께 경찰이 강도 사건의 증인을 신문하는 상황을 연구실에서 재현했다.

실험 첫 단계에서 피험자들은 누군가가 남의 집에 침입해서 물건을 훔치는 영상을 보았다. 그 후 피험자 절반은 조사관을 만나 대화하며 신뢰 관계를 구축했다. 이 집단들은 다시 두 개의 조로 나뉘어 "도둑이 운전하고 온 트럭에 씌어 있는 말은 무엇이었습니까?" 같은 구체적 질문들을 받았다.

이때 한 조는 눈을 감고, 다른 한 조는 눈을 뜨고 신문에 임했다. 그 결과 조사관과 사전에 대화를 나눈 피험자들과 조사관을 처음 만난 피험자들 모두 눈을 감은 상태에서 기억을 더 정확히 떠올렸다. 눈을 감고 신문에 임한 집단은 그렇지 않은 집단에 비해 기억의 정확성이 평균 23퍼센트 더 뛰어났다.

과거의 어떤 장면을 떠올리고 싶다면 지그시 눈을 감아 보라!

이제는 로그아웃의 시간

눈과 침묵을 다룬 이 장을 마치면서 나는 여러분이 눈을 감기만 해도 뇌에 활력을 줄 수 있다는 확신을 갖게 되었기를 바란다. 눈은 매 순간 주위를 스캔하면서 피해야 할 불쾌한 것들과 다가가야 할 좋은 것들을 살피기 바쁘다. 눈을 감으면 뇌는 일시적으로나마 그 방대한 정보의 흐름을 차단할 것이다.

눈꺼풀을 닫는 것은 텔레비전을 끄는 것과 비슷하다. 뇌가 평소의 감각적 소용돌이에서 빠져나와 다른 방식으로 귀 기울이는 법을 배울 기회가 되는 것이다.

이 로그아웃의 시간은 비움이라는 사치를 제공한다. 우리가 동의한 비움은 은혜로운 비움이며 재생의 동의어다.

7장

명상을 통한 침묵

"입 밖으로 내지 않은 말은 침묵의 꽃이다."

— 일본 속담

앞에서 침묵이 어떤 다양한 형태를 띨 수 있는지 함께 살펴보았다. 특히 이완과 몽상을 고찰하면서 내면의 침묵에는 여러 이점이 있음을 알게 되었다. 이 상태는 그저 자신을 '놓아버림'으로써, 무엇보다 몸과 정신의 힘을 빼면서 수동적으로 달성된다. 주의력은 둔해지고 흐릿해지고 종종 달아난다.

주의력이 적극적으로 사용되는 또 다른 형태의 내적 침묵도 있다. 명상을 통한 침묵이 바로 그것이다. 명상하는 이는 역으로, 보이는 정신 상태에 도달하고자 한다. 그의 목표는 차분한 마음을 유지하되 내면의 상태나 주위에서 일어나는 일에 깨어 있는 것이다. 명상하는 이는 완전한 각성 상태에서 지금 이 순간 일어나는 일에 주의를 기울인다. 그러므로 명상은 이완과 대척점에 있는 정신 수련이다. 이 수련의 목표는 개인의 자질을 계발하는 데 도움이 되는 방향으로 주의력과 집중력을 키우는 데 있다.

침묵 예찬

나는 2년 전 교토의 한 절에서 이 침묵에 대해 많은 것을 배웠다. 나는 선불교를 배우겠다는 소박한 바람으로 그곳을 찾았다. 슈쿠보宿坊는 말 그대로 '사찰에서 숙박하는 것'(템플스테이)을 뜻하며 외부인으로서는 경내에서 숙식을 경험할 수 있는 좋은 기회다. 내가 묵었던 절은 대단히 아름다운 곳으로 50여 채의 절들과 더불어 묘신지라는 작은 마을 같은 사찰 단지에 속해 있었다. 1337년에 세워진 묘신지는 시내와 멀리 떨어진 곳에 거대한 울타리로 둘러싸여 있다. 시간을 벗어난 듯 수백 년 세월에도 변치 않는 그곳의 적요함을 어지럽히는 것은 바람 소리뿐이었다. 내가 묵었던 절에는 마루가 깔린 긴 회랑이 있었는데 발소리를 내지 않으려고 살금살금 걸어 다녔다.

방과 방 사이에는 닥종이를 바른 얇은 문살밖에 없었으므로 정숙을 유지해야 했다. 라디오, 텔레비전, 전화, 컴퓨터는 당연히 없었다. 스님들은 새벽 다섯 시에 일어나 경을 외는 것으로 하루를 시작한 후 참선에 들었다. 나도 몇 번 참여할 기회가 있었고 명상을 할 때 어떤 자세로 앉는지 배웠다. 절에 묵는 동안 선불교에 대해 배운 것은 사실상 그게 다였다. 간단한 의례에 맞게 식사를 하고, 그 후에는 스님들과 함께 청소를 하거나 정원 일을 하고 땔감을 마련했다. 명상에 관한 이론과 실제를 갈고닦으리라 기대에 차 있었던지라 처음에는 좀 실망했다. 하지만 차츰 그 장소가 진정으로 발산하는 것이 무엇인지 깨달았다. 바로 침묵과 말 없는 가르침을 일상에서 기리고 따르는 것이었다.

침묵 예찬은 도처에 깔려 있었다. 정원, 마루의 회랑, 공양 시간 그리고 스님들의 묵언에도…. 나는 침묵 예찬이 일본이라는 나라 전체에 배어 있음을 알아차렸다. 실제로 일본에서는 말수가 적은 것이 항상 품위와 우아함의 표식이 된다. 그러한 이상은 우리의 소통 문화와 정반대다. 이

곳에서는 감정을 다 드러내지 않고, 자기 생각을 조심스럽게 입 밖에 꺼내며, 삶의 '아무것도 아닌' 작은 것들에 주의를 기울인다. 자기 묘비에도 '무無'라는 글자 하나만 새기게 했던 오즈 야스지로 감독의 영화들은 이러한 정서를 잘 표현한다.

어떤 면에서는 하이쿠에 일본의 침묵 예찬이 나타난다고 볼 수 있다. 17음절을 3행에 배치하는 이 극도로 간결한 시는 일상의 가장 소소한 일들을 다룬다. 하이쿠의 명인으로 꼽히는 바쇼(1644~1694)는 개구리 한 마리가 연못에 뛰어드는 장면을 아름다운 시로 남겼다. 깊은 정적 속에서 개구리가 물에 들어가는 소리가 우레처럼 울린다.

오래된 연못
개구리 한 마리 뛰어든다
풍덩'

하이쿠의 간결미에는 침묵에 대한 일본인들의 취향이 반영되어 있다고 나는 생각한다.

좌선

일본의 선불교는 13세기에 도겐 선사가 들여온 후 수백 년에 걸친 진화 끝에 널리 퍼진 가장 세련된 불교의 형태로서 사실상 좌선坐禪이라는 단 하나의 가르침으로 요약할 수 있다. 어떤 자세로 앉아야 한다는 지침 외에는 딱히 가르치는 것도 없다. 그렇지만 쉽지도 않다…. 오랫동안 같은 자세를 유지하려면 제대로 앉는 것이야말로 가장 까다로운 일이다.

일단 30분은 움직임 없이 자세를 유지하도록 충분히 안정적이고 편하게 앉아야 한다. 선불교가 권하는 자세는 연꽃 자세나 반연꽃 자세다.(도판 18) 믿기지 않겠으나 초심자가 이 자세를 하는 건 결코 쉽지 않다. '자푸'라는 동그란 전통 방석에 연꽃 자세로 앉으려면 범상치 않은 유연성이 필요하다! 놀랍게도 몇 주 연습을 하니 나도 반연꽃 자세는 하게 되었다.

일본에서 들은 귀한 조언들은 지금도 기억이 난다…. 무릎은 바닥으로 내리고, 정수리가 하늘로 향하게 등을 곧게 펴며, 골반은 앞으로 내밀고, 어깨에 힘을 뺀다. 관을 머리

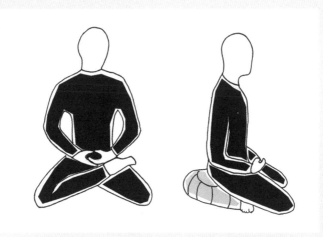

—— 도판 18. 좌선법. 반연꽃 자세에서는 왼발이 오른쪽 허벅지 아래에 온다. 다리를 교차했을 때 양쪽 무릎과 (방석 위에 있는) 꼬리뼈가 등변삼각형을 이루어야 한다. 이 삼각형의 세 점이 몸무게를 떠받친다.(삽화: 엘리노르 르 방 키앵)

에 쓴 것처럼 고개를 반듯하게 들고, 턱은 살짝 당긴다. 눈꺼풀에 힘을 풀고 1미터 전방의 바닥을 바라보되 시선을 어느 한 점에 고정할 필요는 없다. 물론 눈이 피곤해지면 가끔 감아도 되지만 선잠이 들거나 몽상에 빠지지 않도록 주의한다. 허리와 무릎 사이에 팔을 늘어뜨리고 두 손은 복부로 가져온다. 이때 왼손 손바닥을 위로 가게 해서 오른손 위에 포갠다. 그러면 양손 엄지 끝이 살짝 닿으며 타원이 그려진다. 손에 힘을 주지 않되 달걀을 가볍게 쥔 듯한 이 자세를 유지하는 것이 중요하다.

좌선법은 매우 섬세하다. 이는 서서히 익혀야 하는 신체의 정밀한 연금술이다.

자신을 관찰하기

일단 이 자세를 했다면 그다음에는 무엇을 해야 할까? 음…, 딱히 하는 게 없다! 시각화나 염불을 하는 것도 아니다. 그냥 등을 곧게 펴고만 있으면 된다. 그래서 어렵다. 장시간 바른 자세를 유지하려면 정신이 신체의 각 부위에 계속 주의를 기울여야 한다. 몸이 오른쪽이나 왼쪽으로 기울지 않았는지, 앞으로 숙이거나 배를 내밀진 않았는지, 골반이 틀어지지는 않았는지, 머리끝까지 등줄기를 쭉 펴고 있는지 시종일관 살펴야 한다. 다시 말해, 매 순간 일어나는 신체 현상들을 섬세하게 관찰해야만 한다.

개인차가 있다고는 해도 자신(신체 혹은 정신)을 관찰하는 것은 누구나 선천적으로 할 수 있는 일이다. 하지만 막상 실행하려 하면 자기 감찰은 생각보다 어렵다.

한 번도 명상을 한 적이 없다면 지금부터 눈을 감고 이 순간 느껴지는 감각들에 최대한 오래 집중해 보자. 주의력이 현재에 좀체 고정되지 않고 거의 자동으로 부수적인 생각들, 과거에 있었던 일이나 앞으로 해야 할 일 따위로 자꾸 달아난다는 사실을 알게 될 것이다. 정신은 금세 다른 곳으로 도망가고 여러분은 오만 잡념에 빠진다. 다들 일상에서 이렇게 생각이 멋대로 흘러가는 것을 경험하지 않는가. 이것이 바로 정신적 배회다.(4장) 명상의 주요한 목적은 이러한 뇌의 자동성을 길들이는 데 있다.

그럼 어떻게 해야 할까? 그저 자기 생각의 표류를 의식하기만 하면 된다….

서로 다른 두 수련법

　모든 종류의 명상은 그 바탕에 자기 현존의 계발이 있다. 동양에서 명상 수련은 언제부터인지 그 시작을 알 수 없을 정도로 오래전부터 존재했다. 관련 원전의 저자들은 대부분 승려나 영적 지도자였지만 명상에 대한 앎은 상당 부분 구전되거나 제자가 스승에게 배운 것이다. 명상의 전통들은 복잡하게 얽혀 있다. 시대와 국가(티베트, 일본, 인도)에 따라 유파도 다르고 그 유파 자체도 다수의 수련법으로 나뉘기 때문이다. 이처럼 복잡성이 있으나 대부분의 명상 기법은 역사적·문화적 기원에 상관없이 크게 두 유형으로 볼 수 있다.(도판 19)

　일단 팔리어로 '사마타'(평정심, 고요함)라고 하는 '주의력 집중'에 기반한 명상이 있다. 이 명상의 목표는 정신을 어떤 대상에 고정한 채 마음을 고요히 하고 번잡한 생각을 다스리는 것이다. 그 대상이란 염불이나 촛불, 자신의 호흡일 수도, 연민 같은 특정한 감정일 수도 있다.

　가령, 좌선에서는 기본적으로 주의력이 곧게 편 척추에 가 있다. 등을 펴는 것은 아주 간단한 신체 활동으로 주의

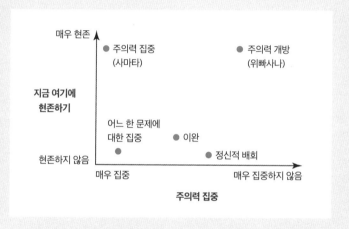

―― 도판 19. (앙투안 뤼츠가 정리한) 다양한 형태의 내적 고요. 명상의 주요한 두 유파가 이 그림 상단에 나타나 있다. '주의력 집중'을 토대로 삼는 명상은 마음을 고요히 하고 번잡한 생각을 다스리는 것을 목표로 한다. 반면 '주의력 개방'을 설파하는 수련법은 자기 자신을 지켜보는 자세를 고양하고자 한다.

력을 지금 이 순간에 집중하게 해준다. 생각이 배회한다 싶을 때마다 이런 유의 명상을 하면 의식은 신체나 자세 혹은 호흡으로 향한다. 그러면 필요에 따라 등을 좀 더 펴거나 손가락 위치나 시선이 닿는 위치를 수정하게 된다.

이 명상에서는 주의력을 집중시키는 기법이 무엇이건 간에 수련자가 정신을 단일 대상에 모아야 한다. 수련을 거듭하다 보면 내면의 번잡한 생각이나 외부의 소음에 산만하게 휘둘리지 않고 집중력을 끌고 나가는 힘이 자란다.

뇌가 영화를 찍을 때

이와는 대조적으로 두 번째 명상의 주요 유형은 팔리어로 '위빠사나'(대상이 없는 명상)라고 하는 '주의력 개방'을 토대로 한다. 수련자는 자기 자신을 지켜보는 입장이 되어 자기 정신에 일어나는 현상들을 하나하나 관찰한다. 주의력을 어느 한 가지에 고정하지 않고 현재의 순간에 자신을 최대한 열어놓는다. 호흡, 생각, 신체의 감각, 감정, 주위에서 들리는 소리 등에도 주의를 기울이면서….

이 상태에서는 자세나 호흡에 정신을 모으지 않아도 된

다. 통제 상태가 아니기 때문에 호흡도 자체적으로 흘러간다.

위빠사나 명상은 굉장히 단순하면서도 곤혹스럽다. 지금 이 순간에 일어나는 일을 받아들이고 흘려보내는 습관을 들이기가 쉽지 않기 때문이다. 이 명상 수련은 마치 영화관에 앉아서 자신의 생각, 백일몽, 환상, 감정 등을 관람하는 것과 비슷하다. 자기 안에서 일어나는 현상뿐 아니라 음향, 조명, 냄새, 공기 흐름 같은 외부 현상까지 일어나는 그대로 지켜본다. 그러므로 이 주의력은 한층 포괄적이다.

계속해서 영화와 비교하면, 이미지가 흘러가는 스크린을 바라보는 건 비슷하지만 한 가지 차이가 있다. 수련자는 그 이미지의 흐름에 완전히 빠져들거나 매혹되어서는 안 된다. 어느 하나에 집착하지 않고, 판단 없이 지켜보고 얽매임 없이 '지나가게' 해야 한다. 그리하여 의식은 강바닥에서 흐르는 물이 된다. 돌멩이가 그 물의 흐름을 방해하지는 못한다.

이 명상법은 훈련이 필요하며 그러한 경험이 기분 좋게 다가오거나 수련자의 기대에 부응한다는 보장이 없다. 오히려 그 반대 경우도 종종 발생한다. 이 정신의 영화관에서 중요한 것은 스크린이다. 스크린에서 무엇(경우에 따라서는 부정적 생각들)이 펼쳐지느냐는 중요하지 않다.

마음 챙김

이러한 주의력 개방 명상은 베트남의 위대한 승려 틱낫한의 노력으로 대중화되었다.[2] '마음 챙김'(영어로 mindfulness, 프랑스어로는 pleine conscience) 명상이라는 용어는 이미 유명하다. 하지만 일부 저자들이 주장하듯 '온전한 주의'나 '온전한 현존' 같은 표현을 쓰는 편이 더 적절해 보인다. 어떤 것에 온전히 주의를 기울이거나 현존할 수는 있어도 '온전한 의식', 다시 말해 모든 것을 의식한다는 것은 기만적이고 실천이 불가능하니까.

명상에 대한 두 접근 방식은 상반되는 듯 보이지만 실질적으로는 여러 불교 전통에서 합쳐져 있다. 수련자는 처음에는 어느 정도 주의력이 안정될 때까지 호흡에 집중한다. 그러다가 현재의 생각, 감각, 지각 전체로 주의력을 확장하면서 명상을 이어나간다. 주의력 집중과 주의력 개방을 계속 오가는 이 움직임이 일종의 내적 유연성을 가능하게 한다.

이완과 각성을 오가기

이 모든 것은 어디까지나 이론에 불과하다. 이 목표로 향하는 길에는 예상치 못한 덫이 놓여 있기 때문이다. 지나친 의욕도 걸림돌이 될 수 있다. 명상을 처음 하는 사람이 전형적으로 빠지기 쉬운 함정은 '지금 이 순간에 집중해야 한다!'는 다짐이다. 물론 좋은 의도에서 나온 결심이지만 금세 긴장과 실망을 불러오기 십상이다. 명상 숙련자들도 잠시 집중력이 흐트러지면 텔레비전에서 보았던 장면을 떠올리거나 점심으로 뭘 먹을지 생각하기도 한다. 이는 자연스러운 일이다. 명상은 확고한 자세지만 영속적인 초집중 상태는 아니다.

주의력 훈련은 지나친 정신적 고착이나 강박적 상태를 피하여 유연하게 이루어져야 한다. 그러므로 명상 중에도 집중 국면과 이완 국면을 갈마드는 것이 좋다. 철학자이자 작가인 파브리스 미달처럼 과감하게 말하자면,[3] 명상은 지금 여기에 영원히 머무는 게 아니라고도 할 수 있다.

명상은 도리어 서로 구별되는 두 국면을 오가는 탐색이다. 이쪽에는 정신의 수다가, 저쪽에는 지금 일어나는 일들에 대한 주의력이 있다. 그리고 우리는 그 중간에서 명상을 최대로 누릴 수 있다.

명상하는 이들의 뇌 영상

우리가 신경과학을 통해 명상 상태에 대해 배울 수 있는 건 무엇일까? 신경과학은 그런 상태가 주의력의 두 모드 사이에서 벌어지는 왕복운동임을 보여주었다. 미국 에모리대학교 웬디 하센캄프와 그 동료들이 수행한 뇌 영상 연구가 특히 그랬다.[4] 연구진은 명상 숙련자들에게 스캐너에 들어가 명상을 해보라고 했다. 피험자들은 손에 스위치를 쥔 채 기기 안에 누웠고, 집중력이 흐트러질 때마다 스위치를 누르기로 했다. 예상대로 이 실험은 명상이 확실하게 구별되는 여러 국면을 오가는 역동적 과정임을 드러냈다.

앞서 보았듯이 뇌에서는 크게 두 개의 신경 네트워크가 작동한다. 하나는 어떤 활동에 집중할 때 머리 앞쪽 전전두피질에서 활성화되는 실행 네트워크이고, 다른 하나는 정신이 멍 때리며 배회할 때 양쪽 반구 안쪽 면에서 활성화되는 디폴트 모드 네트워크다. 웬디 하센캄프가 연구했던 명상 숙련자들에게서도 디폴트 모드 네트워크가 실행 네트워크보다 금세 우세해지는 현상을 볼 수 있었다. 달리 말해 정신은 자기도 모르게 배회하곤 하는데 이 같은 정신적 배회에는 불가피한 면이 있는 듯 보인다.

그렇지만 이 피험자들은 주의력이 흐트러지는 것을 자각하고 스위치를 누를 줄 안다는 점에서 명상을 하지 않는 사람들과는 달랐다. 뇌 영상은 이때 '현저성 네트워크'(망상활성계라고도 한다)에 해당하는 영역들이 활성화되는 것을 보여주었다.

뇌의 (뇌섬엽과 전측 대상회라고 하는 심층부 영역들을 포함하는) 커다란 고랑 속에 위치한 현저성 네트워크는 중요한 것으로 향하도록 주의력을 되돌려놓는다. 열차들의 방향을 바꾸는 선로 변경원 역할을 하는 것이다. 이 순간 명상하는 사람은 '앗, 정신 차리자!' 생각한다. 그는 주의력을 빼앗아갔던 대상을 얼른 내치고 다시 명상의 대상에, 이를테면 호흡에 집중한다. 그러면 실행 네트워크가 활성화되고 다시 새로운 주기가 시작된다.

어부의 비유

이 연구들로 밝혀진바, 명상은 시종일관 균일하게 집중이 유지되는 상태가 아니다. 명상의 목표는 흔들리지 않는 안정을 추구하거나 마음의 동요를 뿌리 뽑는 데 있지 않다. 그것은 어차피 도달할 수 없는 목표이기 때문이다. 그렇지만 정신은 생각의 분산과 지금 이 순간에 대한 집중(도판 20) 사이를 왔다 갔다 하면서 통제할 수 없는 생각과 감정, 감각의 흐름을 조절하는 법을 배운다.

결국 그 '운영 방식'은 그지없이 단순하다. 밀려드는 기생적 잡념들에 잠식당하지 않도록 자신의 내면 상태를 살핀다, 필요하면 주의력을 (친절하게, 다시 말해 죄의식 없이) 현재의 순간으로 다시 가져간다, 낚시찌가 떠내려가게 내버려두다가 느긋하게 도로 당겨오는 어부처럼…. 주의력의 표류를 확인하고 현재로 돌려놓는 훈련을 거듭하면 자기 안의 평온을 복구하는 것도 점점 수월해진다.

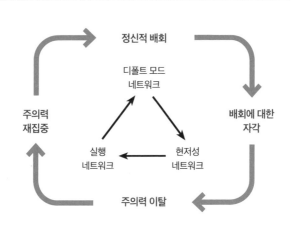

정신적 배회

디폴트 모드
네트워크

주의력
재집중

배회에 대한
자각

실행
네트워크

현저성
네트워크

주의력 이탈

—— 도판 20. 사마타 명상 수련자들의 뇌 스캔 영상은 이들의 뇌 활동에 일정한
주기가 있음을 보여주었다. 집중 초기 단계에는 실행 네트워크가 활성화되
지만 어느 정도 시간이 지나면 (정신적 배회에 특징적인) 디폴트 모드 네트워크
가 활성화된다. 또 어느 정도 시간이 지나면 수련자는 집중력이 흐트러졌음
을 자각하고 다시 집중을 하기 때문에 새로운 주기가 시작된다.(Hasenkamp
et al., 2012)

비생산적인 생각을 곱씹지 않는 법

독자 여러분은 다소 혼란스러울지 모른다. 앞에서는 정신적 배회가 창조적 영감의 원천이고 기억력을 강화한다며 그 유익함을 설명했는데 이제는 명상의 침묵을 통해 정신이 산만해지는 순간들을 줄이라고 하고 있으니.

실은, 목표는 집중과 방심 사이에서 균형을 잡는 것이다.

뇌는 자기가 하는 생각에서 벗어나지 못하고 똑같은 생각을 끊임없이 곱씹는 고약한 습관이 있다. 우리는 친구와의 다툼, 직장이나 가정에서의 걱정거리, 건강 문제 등 불쾌했던 상황에 대해 늘 동일한 모델을 따라 반응한다. 며칠 동안 싸움 장면과 상대방의 얼굴, 후회되는 말이나 미처 하지 못한 말 등 온종일 똑같은 이미지를 되풀이해 떠올린다. 물리치거나 잊으려 애써보아도 이러한 '어두운 생각', '강박관념', '되새김질' 증세는 도리어 악화되기만 한다.

이렇게 우리는 뇌의 활동에 얽매여 있다. 철학자 알랭은 어느 에세이에서 이런 현상을 완벽하게 설명했다.

인간은 생각을 하지 않을 수 없고 곧잘 고통스러운 생각을 자초한다. 끔찍한 장면을 회상하고, 세세하게 뜯어보며, 아무것도 잊지 못한다. 혹은 자기가 믿고 싶은 예감에 따라 최악을 가정하고 상상한다. 그도 아니면 어떤 말에 정곡을 찔린 기억을 자꾸만 곱씹는다. 그는 어두운 생각을 한다. 아주 많은 이들에게 망각의 기술과 면밀하게 계산된 무사태평함이 필요하다.[5]

우울증에 빠진 뇌

꼬리에 꼬리를 무는 생각의 되새김질이 별다른 일 없이 지나가면 그나마 다행이지만 최악의 경우 비극적으로 비대해지고 우울증으로 발전한다. 우울증의 임상 증상은 매우 특징적이다. 감정적 측면에서 환자는 비관적 느낌, 과거에 대한 후회, 현재에 대한 무관심을 경험한다. 그는 자신이 보잘것없다고 느낀다.

우울증의 두 번째 중요한 징후는 행동과 사고의 둔화다. 환자는 움직임이 굼뜨고 무표정하며 음색이 무미건조하다. 주도성을 잃고 늘 똑같은 생각을 되풀이하기 때문에 끝도 없이 되새김질하는 기분을 느낀다.

오늘날 우울증은 유병률이 10~15퍼센트로 높은 데다

매우 흔한 정신 질환이기 때문에 공공 보건의 문제가 된다. 아직은 치료적 대응법도 미비한 상태다. 항우울제는 중증 우울증에 효과가 별로 없을 때가 많고 재발을 막지도 못한다.

뇌 영상 연구는 우울증에 빠진 사람의 뇌가 어떻게 기능하는지 이해하도록 돕는다. 연구자들은 우울증 환자의 디폴트 모드 네트워크가 건강한 사람들과는 다르게 작동하는 것을 관찰했다.[6] 우울증을 앓는 사람들의 경우, 네트워크 활동을 일단 멈추고 외부 과제에 집중하기가 어렵다.[7] 이들의 디폴트 모드 네트워크 활성화가 부정적인 '자기에 관한' 생각들을 되새김질하는 현상과 관련됨은 쉽게 예측할 수 있다.

어린 시절의 트라우마가 남긴 것

우울증을 앓는 사람들에게 어떻게 부정적 되새김질에 빠지는 경향이 나타나게 되었을까? 정확한 답을 제시하기는 어렵지만 최근의 연구들은 디폴트 모드 네트워크의 비정상적 발달이 생애 초기 트라우마의 결과일 수 있음을 시사한다.

캐나다 온타리오대학교 루스 라니어스 교수는 아주 어릴 때 정서적 트라우마를 겪은 젊은 여성들을 연구했다. 그 고통스러운 경험 후 수십 년이 지났는데도 그들의 뇌에서는 디폴트 모드 네트워크에서의 연결성 부족이 드러났다.[8] 이 젊은 여성들의 뇌는 생각이 편안하게 떠도는 정상적 몽상 상태로 넘어가지 못하는 듯 보였다.

루스 라니어스의 연구는 트라우마를 남긴 어린 시절의 경험이 성인이 된 후에도 평온함을 방해한다는 것을 보여준다. 이러한 메커니즘은 비단 우울증만이 아니라 다양한 신경 질환에 취약한 기질을 생성하는 데 영향을 미칠 수 있다. 자폐증,[9] 외상 후 스트레스 장애,[10] 강박 장애Obsessive-Compulsive Disorder, OCD 등의 정신적 문제가 있는 사람들의 뇌는 디폴트 모드 네트워크 조절에 어려움을 겪는 것이 사실이다. 이 모든 장애는 종이 한 장 정도 차이일 뿐인 동일한 기능 장애를 공유한다.

명상의 힘

이 모든 정서적 장애는 뇌의 시스템 문제로 발생하므로 명상, 그중에서도 특히 '주의력을 해제하는' 수련이 치료에 유익하다는 생각은 논리적 타당성이 있다. 명상 수련은 바로 그러한 질환들에 대해 눈에 띄는 개선 효과를 보이기 때문이다. 명상 수련자는 부정적 생각이 있음을 인정하되 그 생각에 매이지 않는 법을 배운다. 이로써 부정적 생각의 되새김질이라는 악순환을 끊어버릴 수 있다. 연구자들은 명상을 할 때 작동하는 심리 기제들을 분석하여 명상이 불안 장애처럼 심리적으로 고통받는 상태일 때 강력한 효과를 발휘한다는 사실을 확인해 주었다.[11]

우울증 환자들에게는 이 악순환을 끊는 자세가 부족하다. 이들은 심각한 우울삽화episodic depression(일정 기간 동안 의욕 상실과 우울한 기분, 무기력 등의 증상이 지속되는 상태를 말한다—옮긴이)가 지나간 후에도 부정적 되새김질을 그만두지 못하는 경향이 있고 이 때문에 재발 위험도 크다.

이를 확인하기 위해 명상의 우울증 예방 효과를 실험한 연구 결과는 인상적이었다. 토론토 약물중독 및 정신건강

센터는 100명 이상의 우울증 환자를 대상으로 한 대대적 연구를 통해 명상 기반 인지 치료는 우울증 재발을 거의 절반으로 낮추는 효과가 있다고 발표했다.[12] 이 연구 데이터에 따르면 명상은 항우울제만큼이나 우울증 재발 방지에 효력을 발휘했다.

심리적으로 매우 취약한 이 환자들을 위해 뚜렷한 해결책을 제시하지 못하는 정통 의학으로서는 반가운 일이다. 특히 우울삽화에 또다시 빠질까 봐 걱정하면서도 장기적 약물 치료를 원치 않거나 견디기 어려운 환자들에게 명상 수련은 많은 도움이 된다.

주의력으로 치료하기

역사적으로 명상을 통한 침묵과 정신 질환 치료의 관계에 대한 이해는 미국에서 최초로 나타났다. 이러한 명상 요법의 개척자로 미국의 의학자이자 분자생물학자 존 카밧진을 들 수 있다.[13] 명망 높은 MIT 박사 학위를 받은 그가 불교 명상에 관심을 갖게 된 것은 이색적이다. 그는 어느 선불교 수도자와의 만남에서 일종의 계시를 경험하고 명상을 서양 문화에 맞게 계발하는 프로젝트에 일생을 바치기로 결심한다. 그러려면 명상의 민속적·종교적 색채를 지우고 과학적으로 제어 가능한 치료 프로그램에 통합해야 했다. 그의 프로젝트는 1970년대 말 우스터에 있는 매사추세츠대학교 병원에 프로그램을 개설함으로써 구체화되었다.

이 치료 프로그램은 기존 의학으로 크게 개선되지 못한 신체적·정신적 고통을 겪는 환자들을 대상으로 하며 지금도 시행 중이다. 마음 챙김 기반 스트레스 완화Mindfulness-Based Stress Reduction, MBSR 기법이 이 치료의 핵심적 접근 방식이다.

MBSR 프로그램은 매주 두 시간 30분씩 8주간 단체로 진행되며 종료일에는 하루 종일 시행된다. 프로그램 참가자들은 다양한 명상 연습을 통해 차분하게 호흡하면서 지금 이 순간을 의식하는 법을 배운다. 또한 일상생활 속 스트레스 및 감정 관리법을 습득한다. 참가자들은 학습 심화를 위해 가정에서도 연습할 것을 권장받는다. 프로그램 수료 후에도 혼자서 명상을 하거나 자신의 감정, 감각, 행동, 외부 자극에 대한 의식을 확장하는 다양한 연습을 하면 매우 큰 도움이 된다.

신체적·심리적으로 더 나은 존재

존 카밧진의 프로그램에는 다른 명상 기반 요법들이 갖추지 못한 중대한 장점이 있다. 바로 표준화되어 있어서 재현 가능하다는 점이다. 또한 건강에 미치는 효과도 통계적으로 정확히 수치화할 수 있다. 이 프로그램의 잠재적 효과를 시험한 연구만 해도 3000여 건이나 된다. 이 많은 연구들을 통해 명상적 접근이 불안, 우울, 분노, 걱정, 생각의 되새김질에 시달리는 환자들에게 괴로움을 덜어주는 효과가 실제로 있음이 밝혀졌다.[14] 이 연구들은, 일반적으로 주의력을 현재로 자주 돌릴수록 낙관성이 커지고 자존감도 높아진다고 결론 내렸다. 특히 주의력이 커질수록 부정적 감정을 곱씹거나 증폭되는 현상을 방지했다. 일상에서 잊기 쉬운 삶의 소소한 즐거움들을 잘 음미하게 되는 효과도 있었다.

예상치 못한 결과도 나왔다. 명상적 접근은 건강 전반에도 확실히 이로운 것으로 드러났다. 일례로, 명상 수련은 신체의 면역력을 높인다. 41명의 피험자를 대상으로 한 실험에서 명상 수련자들은 독감 예방주사를 맞고 8주가 지났을 때 통제 집단에 비해 면역반응이 더 높게 나타났다.[15] 평정심은 독감도 막아준다!

이후의 또 다른 연구는 명상 수련이 염증 관련 유전자의 발현을 조절한다는 결론을 내놓았다.[16] 심지어 심박수, 혈압, 혈중 코르티솔(스트레스 호르몬) 수치,[17] 기초대사량(신체의 필수 기능 보장에 필요한 에너지의 양)을 상황에 맞게 낮추는 등 환자의 전반적인 생리적 상태에 이롭다는 연구도 있었다.

내 개인의 경험을 말하자면 나는 이미 명상의 혜택을 톡톡히 입고 있다. 명상을 처음 시작했을 때는 늘 하는 호흡에 고작 몇 분을 집중하기가 그토록 어렵다는 점에 놀라지 않을 수 없었다. 아무리 집중하려고 해도 연구나 가족에 관한 생각, 남들이 '연꽃 자세로 앉지도 못하는 멍청이'라고 비웃진 않을까 하는 생각으로 자꾸 빠지곤 했다. 그래도… 조금 버티다 보니 몸에 집중하고 내면의 잡념이나 외부 소음을 멀리하는 능력이 확실하게 증진되었다. 운동을 하면 몸에 근육이 생기듯 수련을 거듭하니 주의력도 튼튼

해졌다.

그 후로는 명상 수련 중이 아닌 일상생활에서도 주의력이 딴 데 가 있음을 퍼뜩 의식했다. 그럴 때마다 지금 하는 일로 주의력을 돌려놓곤 했다. '자동 조종 모드'나 '외부 세계와의 차단'에 빠지기 쉬운 나의 성향을 차츰 다스리면서 걷고, 먹고, 대화하고, 책을 읽고, 아이를 돌보는 단순한 활동에서 다시금 재미를 느꼈다.

오늘날 명상은 내가 땅에 발을 딛고, 더 큰 내면의 평화를 지키고, 정신이 항상 새로움을 유지하는 데 큰 힘이 되고 있다. 나는 명상을 좋아하고 내게 유익한 게 무엇인지를 안다. 조용한 곳에 그저 앉기만 하면 된다. 즐거운 마음으로, 성과나 성취를 추구함도 없이…. 쉽다고 말할 수는 없다. 명상을 위해서는 결단과 아주 약간의 규율, 그리고 무엇보다 기쁨이 필요하다!

8장

자아의 침묵

> "나는 명상한다. 나 자신을 잊을 때보다 감미로운 꿈을
> 꾸는 때는 없다. 나는 존재들의 체계에 녹아들면서,
> 온 자연과 일체를 이루면서 말로 표현할 수 없는
> 희열과 황홀을 느낀다."
>
> — 장 자크 루소, 《고독한 산책자의 몽상》

드디어 우리는 길의 끝에 다다랐다. 이제 여러분은 어떤 형태의 침묵이건 침묵이 중요하다는 사실을 잘 알게 되었다. 그 침묵의 신비와 은혜에 입문하는 데는 책 한 권을 읽는 시간이 필요했다. 나의 경우에는 침묵을 음미하게 되기까지 안면 마비 후 두 달의 회복기가 필요했다. 이제부터는 내가 경험해 본 적이 없으면서도 여러분에게는 말해야 하는 어떤 침묵에 대해 이야기하려 한다. 그것은 신비주의적 침묵이다. 이게 대체 무엇일까?

여러분과 내가 경험하는 침묵은 '표면의' 침묵이라고 할

수 있다. 우리는 이 침묵에서 평온, 차분함, 내면의 평화를 찾는다. 그런데 한층 더 큰 생동生動 안의 침묵까지 경험하는 사람들이 있다. 이 '심층의' 침묵 속에서 주체는 자의식마저 사라질 만큼 세계와 깊은 일체감을 느낀다.

전 세계 다양한 문화권에서 예부터 이러한 경험에 대한 증언들이 이어져 왔다. 이 경험은 종교적 수행을 할 때 자주 일어나지만 종교와 무관한 이들도 체험하곤 한다.[1]

작가이자 사상가 로맹 롤랑은 프로이트에게 쓴 편지에서 '대양감大洋感'이라는 용어를 언급하면서 "경계를 지각할 수 없는" 영원을 거의 불가사의하게 느꼈노라 말한다. 당시 그가 평전을 쓰고 있었던 인도의 신비주의자(마하트마 간디를 가리킨다―옮긴이)에게 영감을 받은 것이 분명해 보이는 말이다.

작가 쥘리앵 그린은 《일기》에 이렇게 썼다.

1932년 12월 18일. 조금 전 트로카데로의 주랑 아래 멈춰 서서 샹드마르스를 바라보았다. 날씨는 봄날 같고 빛나는 안개가 정원을 감돌았다. 소리부터가 화창한 날들의 초입에만 지닐 수 있는 경쾌함이 있었다. (⋯) 나와 그 풍경이 얼마나 심오한 일치를 이루었는지, 나는 그 모든 것 속에서 바다에 떨어진 물한 방울처럼 소멸된다면 차라리 기쁘겠다고 생각했다. 육신은 사라지고 '나는 우주의 한 조각이다. 우주가 내 안에서 행복하다. 나는 하늘, 태양, 나무, 센강 그리고 강변의 가옥들이다…' 라고 생각할 정도의 의식만 존재하기를…. 그런 괴상한 생각을 나는 좀체로 완전히 떨칠 수 없었다.

이슬람교, 유대교, 기독교를 가리지 않고 모든 종교에서 비슷한 증언을 찾아볼 수 있는데, 이 특수한 경험은 신 혹은 우주와의 '일치communion'로 묘사된다. 달리 표현하면, 이 일치는 자신을 일인칭의 주체성을 지닌 개인으로 인식하지 못하는 것이다.

소리를 멈추게 하라

이 경험은 어떤 조건일 때 일어날까? 이 경험의 출현을 촉진하고 가능한 안정화하고자 많은 원칙과 수련법이 계발되었다. 가령 기독교 신비주의에서는 기도를 통해 이 특별한 경험에 다다른다. 역사학자 알랭 코르뱅은《침묵의 역사*Histoire du silence*》에서 기도를 하려면 "조용히 해야만" 한다고 지적한다. 즉 외부의 소리 그리고 무엇보다 자기 안의 걱정과 근심과 감정을 일시적으로 억제하거나 차단 해야만 한다. 사물을 있는 그대로 보는 것을 방해하는 정신의 소리가 조용해지게끔 만들어야 한다.

수도원의 여러 고행과 물리적 고립 가운데서도 침묵은 인간이 에고의 깊은 층위들을 벗어던지고 내면에서 우러나는 가장 진정한 형태의 기도를 바치게 한다. 수도자는 자신을 비워냄으로써 온전히 신의 말씀에 귀 기울일 수 있다.

다음은 16세기의 예수회 사제 발타사르 알바레스Baltasar Álvarez가 쓴 《묵도론*Tratado de la oracion de silencio*》의 한 대목 이다.

그럴 때 마음속의 모든 것이 잠잠하고 어떤 것도 그를 흔들지 못한다. 침묵 속에서 자신을 드러내고 가르치는 신의 음성만 이 들려온다.

대침묵

오늘날에도 우리는 수도원 생활이 여전히 존재하는 특정 장소에서 이러한 침묵의 가르침이 메아리치는 것을 발견한다. '대침묵'을 선택한 수도자들이 사는 프랑스 그르노블 지역 알프스의 그랑드 샤르트뢰즈 봉쇄수도원이 그러하다.[2] 그들은 고독 속에서 온전히 기도하기 위해 이 수도원에 왔고 식사, 연구, 수면을 모두 독방에서 해결한다. 이곳의 생활은 느리고 단조롭고 반복적이다. 수도자는 매우 작은 방에서 하루 열여덟 시간을 보내며 허락된 전례가 없을 경우 방에서 나오지 못한다.

과학자들은 신비체험에 대해 점잖게 말해 신중한 태도를 견지해 왔다. 환각 현상이나 정신 질환에 해당하는 망상 정도로 생각하는 경우도 많았다. 그러다 뇌 기능 탐사기술이 발달하면서 연구자들은 오랫동안 보이지 않기에 접근할 수 없었던 이 내적 경험에 대한 '이미지'를 조금씩 만들어내고 있다. 오늘날엔 자아가 사라지는 듯한 신비체험을 할 때 뇌에서 무슨 일이 일어나는지 관찰할 수 있다. 연구의 첫 번째 결론은 이 신비체험이 일견 보이는 것처럼

—— 도판 21. 위 그림(Jusepe de Ribera, *Saint Paul the Hermit*, 1640) 속 테베의 성
바울로는 홍해 근처의 동굴에서 90년간 은수隱修 생활을 하다가 342년에
113세의 나이로 사망했다고 전한다. 이 사막 교부는 기독교 역사상 첫 은수
자이며 특히 콥트 정교회에서 중요한 성인으로 추앙받는다.

허무맹랑하지는 않다는 것이다.

최근의 연구들을 통해 강렬한 '대양감'의 체험이 디폴트 모드 네트워크에서의 뇌 활동 변화와 관련 있음이 밝혀졌다. 예일대학교 의대와 매사추세츠대학교 의대 소속 심리학자 저드슨 브루어는 매우 중요한 사실을 확인했다. 그는 (일주일에 최소 열 시간 이상 10년 넘게 수련을 해온[3]) 명상 전문가 10여 명의 뇌를 연구했다. 이들이 명상을 하거나 휴식할 때 디폴트 모드 네트워크가 비전형적으로 작동하는 것을 관찰할 수 있었다.

내가 나라는 사실

앞서 보았듯이 명상 중에는 작업에 집중할 때 관여하는 실행 네트워크와 정신적 배회에 관련된 디폴트 모드 네트워크가 교대로 활성화된다.(7장 참조) 브루어는 명상 수련자들의 디폴트 모드 네트워크가 작동할 때 그들의 후대상 피질은 비수련자에 비해 낮은 활동성을 보인다는 사실을 관찰했다.(도판 20) 이 작은 영역은 디폴트 모드 네트워크의 '허브'로 개인과 세계 사이의 경계를 규정함으로써 자기로서 존재하는 느낌에 결정적 역할을 한다. 브루어는 깊은 명상이 디폴트 모드 네트워크를 변화시키고 자아에 덜 초점을 맞추어 '자기중심성'을 약화할 수 있다고 보았다.

후대상피질이 자아감에 관여한다는 것을 어떻게 알 수 있을까? 이 질문에 답하기에 앞서 우리가 평생 자기 자신으로서 산다고 느끼는 것이 얼마나 놀라운 일인지 짚고 넘어가고 싶다. 신경과학을 통해 이것이 굳건한 진실임을 확인할 수 있다. 뇌는 평생 고정된 채로 있는 기관이 아니다. 뇌는 학습과 경험에 따라 계속 자신의 구조를 수정해 나간다(뉴런들 사이에 새로운 연결이 나타나기도 하고 기존의 연결이 공고해지거나 약해지기도 한다). 그러나 이러한 지속적 변화 가운데서도 은밀한 한 가지가 남는다. 바로 뇌를 소유한 자의 신원이다. 유일한 개체로서의 존재감은 세월 속에서도 살아남는다. 이 부단한 자아감은 도대체 어디서 오는 걸까?

잠시 여러분 자신의 경우를 생각해 보자. 어쩌면, 그런 의문은 필요 없을지도 모른다. 나는 내가 나라는 사실을 안다. 또한 내가 가진 기억이 다른 사람이 아닌 나 자신의 것이라는 사실도 안다. 이 사실이 여러분에겐 명백하겠으나 뇌에 있어 자신과 타자의 구별은 특정 네트워크의 활성화를 수반하는 복잡한 과정이다. 이 분야의 연구는 아직 걸음마 단계지만 과학자들은 의식이 무엇인지 완전히 알지 못하면서도 이 신경 기반의 일부분에 관해서는 상당한 데이터를 확보했다. 현재, 자아감이 디폴트 모드 네트워크에서 일어나는 과정들에 의해 뒷받침된다는 꽤 많은 증거가 발견된 상태다.

뇌의 중심 허브

깨닫지 못할 뿐 우리 모두는 뇌에서 이러한 과정을 경험한다. 예를 들어 꿈을 꾸면서 온갖 생각을 하는데 대체로 자신과 관련된 것들이다. 정신은 배회할 때 자기중심적이 된다. 모든 것을 자신에게 끌고 오는 경향은 자연스러우며 차라리 그편이 낫다. 내가 자기로서 물리적이고 사회적인 세계와는 별개로 존재한다는 의식을 가질 수 있으니까.

fMRI는 이럴 때 뇌에서 작동하는 메커니즘을 이해하도록 돕는다. 최근에는 기술 발달에 힘입어 자신을 시공간 속의 존재로 표상하는 데 중요한 역할을 하는 디폴트 모드 네트워크 안의 영역들을 크게 두 집단으로 지도화하기에

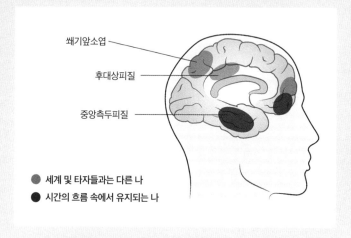

쐐기앞소엽

후대상피질

중앙측두피질

● 세계 및 타자들과는 다른 나
● 시간의 흐름 속에서 유지되는 나

—— 도판 22. 디폴트 모드 네트워크의 두 '허브'는 공간 속의 자아(회색 영역들)와
    시간 속의 자아(검은색 영역들)의 감각에 관여한다. 자기 자신에 대해서 생각
    할 때 이 영역들의 활동이 증폭된다.

이르렀다.[4](도판 22)

첫 번째 영역의 집합은 뇌 뒤쪽(정확히는 '후대상피질'과 여기에 긴밀하게 연결된 '쐐기앞소엽')에 위치한다. 이 영역들은 특히 물리적·사회적 세계와 분리된 개인성의 느낌과 연결된다.[5] 이 영역들을 매개로 나는 남들과 다르다는 것을 느낄 수 있다.

두 번째 영역의 집합은 관자놀이 안쪽에 몰려 있다. 이 영역의 집합이 하는 활동은 시간의 흐름 속에서도 유지되는 자아와 좀 더 관련이 있다("나는 존재해 왔고, 오늘 존재하고 있으며, 미래의 어느 날에도 존재해 있을 것이다"[6]). 이러한 시간적 일관성은 모든 경험을 통합하여 정신적으로는 시간 속에서 여행할 수 있는 일종의 '서사적' 자아를 구성하게 한다.

디폴트 모드 네트워크에 속하는 이 부분들이 정체성 형성에 대단히 중요하기 때문에 연구자들은 주저 없이 "뇌의 중심 허브"[7]라고 부른다. 이 부분들이 뇌의 다양한 영역을 연결함으로써 의식은 일관성을 띨 수 있다. 어떤 면에서 이 뇌 영역들은 에고의 지휘자라고 할 수 있다.

에고의 비활성화

이제 신비주의적 침묵에 대한 브루어의 연구로 돌아가자. 브루어는 앞서 기술한 실험 결과들과 자신이 관찰한 바를 바탕으로 깊은 명상이 디폴트 모드 네트워크를 변화시키고 자아에 초점을 덜 맞추게 함으로써 '자기중심성'을 약화시킨다고 결론 내렸다.

그는 여기서 멈추지 않고 한 걸음 더 나아간 실험[8]을 진행했다. 피험자들이 매우 좁은 스캐너 안에 누워 있는 동안 브루어는 작은 거울과 컴퓨터 모니터를 이용해 그들의 뇌에서 '이기적인' 부분이 활동하는 양상을 실시간으로 관찰했다. 그가 개발한 장치는 에고의 거울처럼 작동한다는 점에서 아주 기발했다. 에고가 '비활성화되면' 모니터 화면은 파란색을 띠었다. 그러다 에고가 '많은 말을 떠들면' 화면은 빨간색으로 변했다. 실험이 시작되고 몇 분이 지난 후 피험자들은 모니터의 파란색이 그들이 명상에 깊이 빠질 때 느끼는 기분, 즉 세계와의 일체감에 상응한다는 사실을 알아차렸다.(도판 23)

이 관찰 결과를 이미 많은 논문과 저작에서 기술된 또

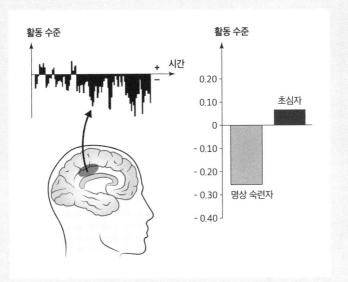

── 도판 23. 깊은 명상 중의 뇌 활동 수준(왼쪽). 디폴트 모드 네트워크의 후대
상피질이 뚜렷한 활동 감소를 나타내는데 이는 세계와의 일체감과 관련이
있다. 명상에 깊이 들어갈 때 숙련자들은 명상 초심자들에 비해 훨씬 수월
하게 이 뇌 영역의 활동 저하에 도달할 수 있었다(오른쪽).(Brewer et Garrison,
Ann. N.Y. Acad. Sci, 2013)

다른 결과들과 비교할 필요가 있다.[9] 그중에는 미국 토머스 제퍼슨 병원 미르나 브라인드 통합의료센터 연구소장 앤드류 뉴버그의 저작이 있다. 뉴버그는 프란치스코회 수녀들이 기도하는 동안 이들의 뇌 영상을 촬영했다.[10] 그는 수녀들이 기도에 몰입할 때마다 후대상피질과 가까운 상두정엽의 활동이 해제되는 현상을 관찰할 수 있었다. 알다시피 두정엽은 거리 측정, 상대적 위치 파악 등 공간감각에 매우 중요한 역할을 한다. 명상 중 이 영역의 활동이 위축된다는 사실은, 기도를 바칠 때 '자아'가 융해되어 우주와 일체를 이루는 듯했다는 수녀들의 진술과 완전히 맞아떨어졌다.

그렇다고 일부 저널이 속단하듯 "과학이 신을 해명했다"라는 결론을 내려서는 안 된다. 나는 종교적인 결론을 내리는 것이 아니라 신경영상술을 이용한 실험들이 심리 상태와 뇌 상태의 상관관계를 밝혔으되 인과관계를 입증하지는 못했다고 말해 두겠다. 그 실험들은 실제 경험이 보여준 풍부함에는 한참 미치지 못한다. 그럴지라도 이러한 관찰들은 디폴트 모드 네트워크의 활동 양상이 자아감에 관여하며 신비주의적 대침묵의 신경학적 토대를 제공한다는 생각을 이끌어낸다.

하늘처럼 크고 깊은 현재

나로서는 그 비슷한 경지의 신비로운 체험을 해본 적이 한 번도 없다. 나는 종교적인 사람이 아니다. 그러나 세속적인 명상 수련을 하는 동안 나는 나 자신을 잊고 가벼움과 정화의 느낌을 주는 작은 침묵의 순간을 경험한다. 무엇보다도 생각이 나타났다가 사라지는 것을 볼 때 더욱 그러하다. 그때 나는 생각들 사이에 여백이 있음을 깨닫는다. 그것은 고요하고 평화로우며 완전히 열려 있는 여백이다. 나는 그때 정신의 평온이 궁극적으로 항상 여기에 존재함을 깨닫는다.

나의 스승이자 위대한 명상가였던 신경과학자 프란시스코 바렐라도 이러한 맥락에서 '깊은 현재'[11]를 언급했다. 그는 '깊은 현재'를 원초적이고 활기차고 에너지 넘치는 의식을 경험하게 해주는 근본적인 평온함의 상태로 정의했다. 그에 따르면 우리 모두는 사유와 인식 이전의 시작도 없고 끝도 없이 언제나 열려 있는 배경음을 경험할 수 있다. 이보다 더 단순한 것도, 더 심오한 것도, 더 아름다운 것도 존재하지 않는다. 나에게는 그 신비가 풀리지 않은 채 남아 있으나 이제 나는 그것을 찾아나섰다.

감히 침묵합시다!

"이제는 침묵을 조성하기가 어려워졌고 차분하게
달래주는 그 내면의 소리를 들을 수 없게 되었다.
사회도 자기 자신을 경청하기보다는 소음에
굴복하라고 명령한다. 이로써 개인의 구조 자체가
바뀌게 되었다."

— 알랭 코르뱅, 《침묵의 역사》

나는 정원 벤치에 앉아 테라스에 누운 고양이를 바라본
다. 고양이는 축 늘어진 자세로 초봄의 첫 햇살을 한껏 즐
긴다. 고양이는 흡족하다. 빈둥댄다. 잠시 온기를 누리면
그뿐이니 고양이에겐 아무 부족함이 없으리라. 그 모습을
바라보면서 내 얼굴에 미소가 지어진다. 고양이의 지혜에
서 영감을 받는다. 저 고양이는 삶의 소소한 기쁨에 대하
여 나에게 가르쳐주고 싶은 게 얼마나 많겠는가! 게으름
을 피우며 널브러진 고양이가 나에게도 좀 쉬라고 권유하
는 것만 같다.

우리는 왜 고양이처럼 잠시나마 모든 것을 멈추지 못할까? 왜 이 순간을 자꾸 뭔가로 더 채우려고만 하고 그냥 살지는 못할까? 다시 말해, 그저 호흡만 하지는 못하는 걸까? 걷는 것 말고는 아무것도 하지 않으며 산책을 해보자. 가까운 미래든 먼 미래든 앞날을 생각하지 말고 그저 테라스에서 봄의 햇살을 감상해 보자. 귀에 이어폰을 끼지 않고 손에 스마트폰을 들지 않은 채 자연 속을 거닐거나 자리에 앉아보자. 주위에 있는 모든 것을 고즈넉하니 바라보는 것 말고는 아무것도 하지 않기로 하자.

물론, 우리에겐 좋은 핑계가 있다. 경쟁과 성과에 기반을 두는 사회에서 자신을 위한 시간을 내거나, 스스로에게 몽상을 허락하거나, 부산한 환경에서 벗어나 침묵을 찾기란 참 어려워졌다. 1분이라도 온전히 자신에게 할애하고 자기 안에 허락하기가 쉽지 않다. 이유는 또 있다. 그런 식의 멈춤을 사회가 곱게 보지 않는다. 의도적으로 '활동하지 않는 시간'을 허용한다는 발상은 오늘날 거의 금기시한다. 그런 시간을 순전한 낭비로 치부하기 때문이다. 쓸데없고 비생산적인 시간, 목적 없고 부조리한 일종의 허무함, 아무것도 쓰지 못한 백지 혹은 입 밖으로 뱉지 못한 말의 침묵, 붕 떠버린 한때….

그럼에도! 휴식은 공허하고 무의미한 활동이 아니요, 잘 개발할 줄만 알면 노다지가 묻힌 금광이다. 수천 년 전부터 현인들은 이 사실을 알았기에 침묵 속에 가만히 머무르며 내면의 풍요를 갈고닦았다.

지금은 한층 발달한 뇌 연구가 이 사실을 뒷받침한다. 자신을 위해 짬을 내고 주변의 소란에서 벗어나 몽상이나 명상에 몰입하는 것은 절대로 시간 낭비가 아니다. 도리어 멈춤의 시간은 뇌의 심리적·생리적 재충전과 창의력 증진에 절대적으로 필요하다. 내면의 소리를 조절하는 것도 마찬가지다. 앞서 보았듯이 침묵의 형태는 다양하고 마음만 먹으면 그 다양한 침묵을 음미할 기회가 부족하지 않다! 이 책에 있는 예를 보면서 여러분도 자신에게 잘 맞는 침묵의 형태를 발견하기 바란다.

나의 안면 마비는 어느덧 2년 전 일이 되었고 지금은 후유증 없이 깨끗이 나았다. 완쾌된 사실보다 더 기쁜 일은 몹쓸 안면 마비 때문에 울며 겨자 먹기로 가졌던 멈춤과 침묵의 시간이 내 삶의 방식을 바꿔놓은 것이다. 침묵을 물리적으로 강요당하고 보니 역설적으로 침묵의 좋은 점이 보이는 게 아닌가.

이제 나는 침묵이 찾아드는 시간을 기회라 느끼고 즐겁게 받아들인다. 아니, 즐거움이라는 말로는 부족하다. 침묵은 행복이다, 아무것도 하지 않고 아무 말도 하지 않는 깊은 행복. 침묵을 통해 소리 없이 자신과 자신의 감각에, 나아가 타자와 환경에 맞닿는 법을 배운다. 입을 다문 채 존재하는 것을 있는 그대로 음미하다 보면 나 역시 그저 존재하고 경청하게 된다. 내게 닥친 병은 이 교훈을 내게 주었고 이제 매일 일상에서 그 교훈을 적용하려고 노력한다.

마지막으로 나의 바람을 피력해 본다. 우리의 부산스럽고 시끄럽고 혼란한 사회에는 침묵이 너무 부족하다. 산업문명이 내는 소리는 우리를 지치고 상하게 한다. 그럴수록 우리 모두에게는 침묵이 절실하다. 나의 경우 침묵이 너무 고플 때면 아무 성당 문이라도 밀고 들어가 웅장한 건축과 장식 아래서 평화를 누리며 잠시 사색의 시간을 갖는다. 나처럼 종교가 없는 사람들에게도 성당이나 교회는 도서관과 더불어 모든 방문객에게 쉼을 제공하는 진정한 도심 속 안식처가 되어준다.

침묵에 몸을 푹 담갔다가 소란한 세상으로 돌아오면 정적이 얼마나 희귀한 양식인지 새삼 깨닫는다. 성당 비슷하게 침묵을 경험할 수 있지만 종교적 색채가 없는 세속적 공간들을 조성하면 어떨까? 이러한 '침묵의 섬'은 종교적 상징을 배제하고 휴식과 사색을 위한 공간으로 설계해야 한다. 모두에게 열려 있으되 (휴대전화를 사물함에 잠시 넣어두라는 말만 빼고) 아무것도 설교하지 않는 곳. 그곳은 어떤 초월성도 의미하지 않으며 단지 우리에게 근본적으로 필요한 침묵과 내면성에 대한 인식을 의미한다.

주

프롤로그: 어느 날 내 몸에 일어난 일

1   M. Le Van Quyen, *Améliorer son cerveau*, Flammarion, 2017.

2   TNS-SOFRES의 2010년 5월 설문 조사 〈프랑스와 소음 공해les Français et les nuisances sonores〉, 지속가능개발부ministère du Développement durable.

3   '미미 히어링 테크놀로지Mimi Hearing Technologies'라는 스타트업 기업에서 실시한 이 연구는 도시의 소음 공해와 청력 상실의 관련 여부를 밝히기 위해 전 세계 50여 개 도시에서 20만 명을 대상으로 각 도시의 소음 수준과 청력 상실 비율을 비교했다.

4   G. Mark, S. T. Iqbal, M. Czerwinski, P. Johns and A. Sano, "Neurotics Can't Focus: An *in situ* Study of Online Multitasking in the Workplace", *CHI*, 2016, pp. 1739~1744.

5   E. Snel, *Calme et attentif comme une grenouille*, Les Arènes, 2012.

1장 신체의 침묵

1   E. Rommeluère, *S'asseoir tout simplement*, Seuil, 2015.

2   A. Kasamatsu and T. Hirai, "An electroencephalographic study on the Zen meditation(Za-Zen)", *Folia Psych. Neurol.*, 20, 1966, pp. 315~336.

3   1970년대 파리 생탄병원hospitalier Sainte-Anne의 피에르 에테브농 연구팀이 선
    불교 승려 타이센 데시마루에게서 동일한 리듬의 뇌파를 기록한 바 있
    다. 다음 참조. P. Etevenon, J. G. Henrotte and G. Verdeaux, "Approche méth-
    odologique des états de conscience modifiés volontairement(Analyse spectrale statis-
    tique)", *Rev. EEG Neurophysiol. Clin.*, 3, 1973, pp. 232~237.

4   M. Raichle, "The brain's dark energy", *Science*, 314, 2006, pp. 1249~1250.

5   M. Raichle, "A default mode of brain function", *PNAS*, 98, 2001, pp. 676~682.

6   T. D. Wilson, D. A. Reinhard, E. C. Westgate, D. T. Gilbert, N. Ellerbeck, C.
    Hahn, C. L. Brown and A. Shaked, "Just Think: the Challenges of the Disen-
    gaged Mind", *Science*, 2014. 7, pp. 75~77.

7   www.donothingfor2minutes.com/.

8   www.telegraph.co.uk/women/womens-life/10061863/FoMo-Do-you-have-a-
    Fear-of-Missing-Out.html.

9   공중보건청Agence Santé publique의 2016년 연구 결과.

10 H. Mason, M. Vandoni, G. de Barbieri, E. Codrons, V. Ugargol and L. Bernar-
    di, "Cardiovascular and Respiratory Effect of Yogic Slow Breathing in the Yoga
    Beginner : What Is the Best Approach?", *Evidence-Based Complementary and
    Alternative Medicine*, 2013, 743504Z.

11 C. Ludwig, "Beiträge Zur Kenntniss Des Einflusses Der Respirationsbewegun-
    gen Auf Den Blutlauf Im Aortensysteme", *Arch. Anat. Physiol. Wiss. Med.*, 1847,
    pp. 242~302.

12 D. K. Kim, K. M. Lee, J. Kim, M. C. Whang and S. W. Kang, "Dynamic cor-
    relations between heart and brain rhythm during Autogenic meditation", *Front
    Hum Neurosc*, 7, 2013, p. 414.

13 P. Melillo, M. Bracale and L. Pecchia, "Nonlinear Heart Rate Variability features
    for real-life stress detection. Case study: students under stress due to university

examination", *Biomedical Engineering Online*, 2011. 7, pp. 10~96.

14 T. G. M. Vrijkotte, L. J. P. van Doorneen and E. J. C. De Geus, "Effects of work stress on ambulatory blood pressure, heart rate and heart variability", *Hypertension*, 35, 2000, pp. 880~886.

15 M. Takahashi and F. Togo, "Heart rate variability in occupational health—a systematic review", *Industrial Health*, 47(6), 2006, pp. 589~602.

16 S. Wang and S.-Zh. Yang, "The Pulse Classic", *Blue Poppy Enterprises, Inc.*, 1997.

17 G. Kudaiberdieva, B. Görenek and B. Timuralp, "Heart rate variability as a predictor of sudden cardiac death", *Analou Kardiyol Derg*, 7(1), 2007, pp. 68~70.

18 E. Jacobson, *Progressive relaxation*, Chicago University Press, 1938.

2장 청각적 침묵

1 www.ozap.com/actu/stations-radio-france-victimes-importante-panne-electrique/402372.

2 S. Hygge, G. W. Evans and M. Bullinger, "The Munich aircraft noise study: Cognitive effects on children from before to after the changeover airport", *Psychological Sciences*, 9, 2000, pp. 75~77.

3 S. A. Stansfeld, B. Berglund, C. Clark, I. Lopez-Barrio, P. Fischer, E. Ohrström, M. M. Haines, J. Head, S. Hygge, I. Van Kamp and B. F. Berry: RANCH study team, 2005, "Aircraft and road traffic noise and children's cognition and Health: a cross-national study", *Lancet*, 365(9475), 2005, pp. 1942~1949.

4 H. Ising, H. Lange-Asschenfeldt, H. Moriske, J. Born and M. Eilts, "Low frequency noise and stress: Bronchitis and cortisol in children exposed chronically to traffic noise and exhaust fumes", *Noise & Health*, 7(23), 2004, pp. 21~28.

5 G. Belojevic, B. Jakovljevic, K. Paunovic, V. Stojanov and J. Illic, "Urban road-traffic noise and blood pressure in school children", ICBEN 2008.

6   *Bruitparif*, 2016. 6.

7   Ipsos의 2015년 설문 조사.

8   D. Le Breton, "Anthropologie du silence", *Théologiques*, 7(2), 1999, p. 11.

9   H. Trappe and G. Voit, "The Cardiovasculat Effect on Musical Genres. A
     randomized controlled study on the effect of composition by W. A. Mozart,
     J. Strauss and ABBA", *Deutsches Ärtzeblatt International*, 113(20), 2016, pp.
     347~352.

10   F. H. Rausher, L. Shaw Gordon and K. N. Ky, "Music and Spatial Task Perfor-
     mance", *Nature*, 365, 1993, pp. 611.

11   L. Bernardi, C. Porta and P. Sleight, "Cardiovascular, Cerebrovascular and
     Respiratory Changes Induced by Different Types of Music in Musicians and
     Non-musicians: The Importance of Silence", *Heart*, 92(4), 2006, pp. 445~452.

12   C. Latendresse, S. Lariveé and D. Miranda, "La porté de l' 'effet Mozart'. Succès,
     souvenirs, fausses notes et reprises", *Psychologie canadienne*, 2006, 47(2), pp.
     125~141.

13   A. S. Dolegui, "The Impact of Listening to Music on Cognitive Performance",
     Inquiries, 5(9), 2013, p. 1(www. inquiriesjournal.com/articles/1657/the-impact-of-listen-
     ing-tomusic-on-cognitive-performance).

14   Q. Li, M. Kobayashi, S. Kumeda, T. Ochiai, T. Miura, T. Kagawa, M. Imai, Z.
     Wang, T. Otsuka and T. Kawada, "Effects of Forest Bathing on Cardiovascular
     and Metabolic Parameters in Middle-Aged Males", *Evid Based Complement
     Alternat Med*, 2016, 2587381.

15   A. Ruth Atchley, D. L. Strayer and P. Atchley, "Creativity in the Wild: Improv-
     ing Creative Reasoning through Immersion in Natural Settings", *PLOS One*,
     7(12), 2012.

16   R. S. Ulrich, "View through a window may influence recovery from surgery",

Science, 224, pp. 420.

17 E. O. Moore, "A Prison environment's effect on health care service demands", *Journal of Environmental Systems*, 11, 1981, pp. 17~34.

18 T. Itai, H. Amayasu, M. Kuribayashi, N. Kawamura, M. Okada, A. Momose and S. Kaneko, "Psychological effects of aromatherapy on chronic hemodialysis patients", *Psychiatry and Clinical Neurosciences*, 54(4), pp. 393~397.

19 J. Lehrner, "Ambient odors of orange and lavender reduce anxiety and improve mood in a dental office", *Physiol Behav*, 86(1~2), 2015, pp. 92~95.

20 E. L. Barratt, C. Spence and N. J. Davis, "Sensory Determinants of the Autonomous Sensory Meridian Response(ASMR): Understanding the Triggers", *PeerJ*, 5, 2017, e3846.

21 A. J. Blood and R. J. Zatorre, "Intensely pleasurable responses to music correlate with activity in brain regions implicated in reward and emotion", *PNAS*, 98(20), 2011, pp. 11818~11823.

22 www.reddit.com/r/asmr/.

23 Edward O. Wilson, *Biophilia*, Harvard University Press, 1984.

24 H. Thoreau, *Journal*, edn. Finitude, 1837~1840, vol. 1.

3장 주의력의 침묵

1 Ifop, 2006. 1.

2 T. Smith-Jackson and K W. Klein, "Open-plan offices: Task performance and mental workload", *Journal of Environmental Psychology*, 29, 2009, pp. 279~289.

3 G. Mark, V. M. Gonzalez and J. Harris, "No task left behind? Examining the nature of fragmented work", *Proceedings of ACM CHI*, 2005.

4 G. Mark, D. Gudith and U. Klocke, "The Cost of Interrupted Work: More Speed and Stress", *Proceedings of the SIGCHI Conference on Human Factors in*

Computing Systems, 2008, pp. 107~110.

5   R. M. Yerkes and J. D. Dodson, "The relation of strength of stimulus to rapidity of habit-formation", *Journal of comparative neurology and psychology*, 18(5), 1908, pp. 459~482.

6   A. F. Arnsten, "Stress signalling pathways that impair prefrontal cortex structure and function", *Nat Rev Neurosci*, 10(6), 2009, pp. 410~422.

7   H. Freudenberger, "Staff burnout", *Journal of Social Issues*, 30, pp. 159~165.

8   H. Freudenberger and G. Richelson, *Burnout, the high cost of high achievement*, Batam Books, 1981.

9   S. J. Durning, M. Costanzo, A. R. Artino Jr, L. N. Dyrbye, T. J. Beckman, L. Schuwirth, E. Holmboe, M. J. Roy, C. M. Wittich, R. S. Lipner and C. van der Vleuten, "Functional Neuroimaging Correlates of Burnout among Internal Medicine Residents and Faculty Members", *Front Psychiatry*, 4, 2013, p. 131.

10   S. Pillay, "Your Brain Can Only Take So Much Focus", *Harvard Business Review*, 2017.

11   J. J. Iliff, M. Wang, Y. Liao, B. A. Plogg, W. Peng, G. A. Gundersen, H. Benveniste, G. E. Vates, R. Deane, S. A. Goldman, E. A. Nagelhus and M. Nedergaard, "A paravascular pathway facilitates CSF flow through the brain parenchyma and the clearance of interstitial solutes, including amyloid β", *Sci Transl Med*, 4(147), 147ra111.

12   I. Kirste, Z. Nicola, G. Kronenberg, T. L. Walker, R. C. Liu and G. Kempermann, "Is silence golden? Effects of auditory stimuli and their absence on adult hippocampal neurogenesis", *Brain Struct Funct*, 220, 2015, pp. 1221~1228.

13   L'entreprise Steelcase.

14   Sénèque, *Lettres à Lucilius*, I, 1, trans. fr. M.-A. Jourdain Guyer, GF-Flammarion, p. 29.

4장 몽상을 통한 침묵

1   M. Killingsworth and D. Gilbert, "A wandering mind is an unhappy mind", *Science*, 330, p. 932.

2   이 어플리케이션의 이름은 'Track your happiness': https://go.trackyourhappiness.org.

3   E. Klinger, *Psychology Today*, 1987. 10.

4   Platon, *Théétète*, 174a~b, trans. fr. M. Narcy, GF-Flammarion, 1994, pp. 204, *sq*.

5   C. Muller, Hypotheses.org: carnets de recherches en sciences humaines et sociales.

6   P. Souriau, *Théorie de l'invention*, Paris, 1881.

7   H. Bergson, *L'Énergie spirituelle*, Presses Universitaires de France, 2009.

8   https://neurocritic.blogspot.com/2017/06/what-is-thought.html.

9   Evangelia G. Chrysikou, "Put Your Creative Brain to Work", *Scientific American Mind*, 2012(3), p. 27.

10 C. Kalina, A. M. Gordon, J. Smallwood, R. Smith and J. W. Schooler, "Experience sampling during fMRI reveals default network and executive system contributions to mind wandering", *Proceedings of the National Academy of Sciences*, 106(21), pp. 8712~8724.

11 "Comment muscler son intelligence", *Le Point*, 30, 2014. 10.

12 G. E. Müller, "Pilzecker A. Experimentelle Beiträge zur Lehre vom Gedächtnis", *Z. Psychol. Ergänzungsband*, 1, 1900, pp. 1~300.

13 H. Ebbinghaus, "Memory: A Contribution to Experimental Psychology", *Ann Neurosci*, 20, 1885, pp. 155~156.

14 M. Craig and M. Dewar, "Rest-related consolidation protects the fine detail of new memories", *Sci Rep*, 8, p. 6857.

15 D. O. Hebb, *The organization of behavior: a neuropsychological theory*, Wiley, 1949.

16 D. Ji and M. A. Wilson, "Coordinated memory replay in the visual cortex and hippocampus during sleep", *Nat Neurosci*, 10, 2007, pp. 100~107.

17 N. C. Andreasen, D. S. O'Leary, T. Cizadlo, S. Arndt, K. Rezai and G. L. Watkins, "Remembering the past: two facets of episodic memory explored with positron emission tomography", *Am J Psychiatry*, 152, 1995, pp. 1576~1585.

18 A. D'Argembeau and A. Mathy, "Tracking the construction of episodic future thoughts", *Journal of Experimental Psychology*, 140, 2011, pp. 258~271.

19 D. Schacter and D. R. Addis, "On the nature of medial temporal lobe contributions to the constructive simulation of future events", *Philos Trans R Soc Lond B Biol Sci*, 334, 2009, pp. 1245~1253.

20 C. Baudelaire, *Les Paradis artificiels*, GF-Flammarion, 1966, p. 145.

5장 듣기 위한 침묵

1 A. Révah Lévy and L. Verneuil, *Docteur, écoutez!*, Albin Michel, 2016.

2 J. Rassam, *Le silence comme introduction à la métaphysique*, Toulouse, Université de Toulouse-Le Mirail, 1980.

3 https://habitudes-zen.net/2013/ecoutez-le-silence/(지금은 접속되지 않는다-옮긴이).

4 C. L. Heavey and R. T. Hurlburt, "The phenomena of inner experience", *Consciousness and Cognition*, 17(3), pp. 798~810.

5 D. Goleman, Conference TED: www.ted.com/talks/daniel_goleman_on_compassion.

6 G. Rizzolatti and C. Sinigaglia, *Les Neurones Miroirs*, Paris, Odile Jacob, 2008.

7 B. Wicker, C. Keyser, J. Plailly, J. P. Royet, V. Gallese and G. Rizzolatti, "Both

of us disgusted in my insula: the common neural basis of seeing and feeling disgust", *Neuron* 40(3), 2003, pp. 655~664.

8   H. Montagner, *L'Attachement. Les débuts de la tendresse*, Paris, Odile Jacob, 1988.

9   T. Kraft and S. Pressman, "Grin and Bear It: The Influence of Manipulated Positive Facial Expression on the Stress Response", *Psychological Science*, 23, 2012, pp. 1372~1378.

10   C. H. Kroenke, "Social networks, social support and survival after breast cancer diagnosis", *Journal of Clinical Oncology*, 2006. 24(7), pp. 1105~1111.

11   J. M. Kelley, G. Kraft-Todd, L. Schapira, J. Kossowsky and H. Riess, "The influence of the patient-clinician relationship on healthcare outcomes: a systematic review and meta-analysis of randomized controlled trials", *PLOS One*, 9(4), 2014, e94207.

12   C. Rogers, *Le Développement de la personne*, InterEdition, 1966.

13   E. Savaskan, R. Ehrhardt, A. Schultz, M. Walter and H. Schächinger H, "Post-learning intranasal oxytocin modulates human memory for facial indentity", *Psychoneuroendocrinology*, 33, 2008, pp. 368~374.

14   L. Schulze, A. Lischke, J. Greif, S. C. Heprterz, M. Heinrichs and G. Domes, "Oxytocin increases recognition of masked emotional faces", *Psychoneuroendocrinology*, 36, 2012, pp. 1378~1382.

6장 눈의 침묵

1   I. Calvino, *Pourquoi lire les classiques*, Gallimard, col. "Folio", 2018.

2   Opinion Way가 2015년 12월, 18~65세 사람들 약 1013명을 대상으로 실시한 INSV-MGEN 설문 조사.

3   W. Bates, *The Cure of Imperfect Sight by Treatment Without Glasses*, New York, 1920.

4   S. Dalí, *Cinquante secrets magiques*, Lausanne, Edita—La Bibliothèque des Arts, 1985.

5   A. Brooks and L. Lack, "A brief afternoon nap following noctural sleep restriction: which nap is most recuperative", *Sleep*, 29(6), 2006, pp. 831~840.

6   T. Nakano, M. Kato, Y. Morito, S. Itoi and S. Kitazawa, "Blink-related momentary activation of the default mode network while viewing videos", *Proc Natl Acad Sci USA*, 8, 2013, 110(2), pp. 702~706.

7   T. Nakano, Y. Yamamoto, K. Kitajo, T. Takahashi and S. Kitazawa, "Synchronization of spontaneous eyeblinks while viewing video stories", *Proc Biol Sci*, 276(1673), 2009, pp. 3635~3644.

8   S. Murphy and C. Dalton, "Out of touch? Visual load induces inattentional numbness. Journal of Experimental Psychology: Human Perception and Performance", *J Exp Psychol Hum Percept Perform*, 6, 2016, pp. 761~765.

9   M. W. Kraus, "Voice-only communication enhances empathic accuracy", *American Psychologist*, 72(7), 2017, pp. 644~654.

10 M. Pel and S. Kotz, "On the time course of vocal emotion recognition", *PLOS One*, 6(11), 2011(https://journals.plos.org/plosone/article?id=10.1371/journal.pone.0027256).

11 A. Blasi, E. Mercure, S. Lloyd-Fox, A. Thomson, M. Brammer, D. Sauter and D. G. M. Murphy, "Early Specialization for Voice and Emotion Processing in the Infant Brain", *Current Biology*, 21(14), 2011, pp. 1220-1224.

12 W. Thompson and L. Balkwill, "Decoding speech prosody in five languages", *Semiotica*, 2006(158), 2006, pp. 407~424.

13 M. Proust, *Le côté de Guermantes*, GF-Flammarion, 1987, I, p. 210.

14 Y. Lerner, D. Papo, A. Zhdanov, L. Belozersky and T. Hendler, "Eyes Wide Shut: Amygdala mediates eyes-closed effect on emotional experience with mu-

sic", *PLOS One*, 4(7), 2009, e6230.

15   P. Lemarquis, *Sérénade pour un cerveau musicien*, Odile Jacob, 2009.

16   D. Dellacherie, M. Pfeuty, D. Hasboun, J. Lefèvre, L. Hugueville, D. P. Schwartz, M. Baulac, C. Adam and S. Samson, "The birth of musical emotion: a depth electrode case study in a human subject with epilepsy", *Ann NY Acad Sci*, 1169, 2009, pp. 336~341.

17   R. A. Nash, A. Nash, A. Morris and S. L. Smith, "Does rapport-building boost the eyewitness eyeclosure effect in closed questioning?", *Leg Crim Psychol*, 302, 2015, pp. 305~318.

7장 명상을 통한 침묵

1   Bashô, *Cent onze haiku*, trans. J. Titus-Carmel, Verdier, 2002.

2   Thich Nhat Hanh, *Le Miracle de la pleine conscience. Manuel pratique de médita-tion*, L'Espace Bleu, 1996.

3   F. Midal, *Frappe le ciel, écoute le bruit: ce que vingt-cinq ans de méditation m'ont appris*, Les Arènes, 2014.

4   W. Hasenkamp, C. D. Wilson-Mendenhall, E. Duncan and L. W. Barsalou, "Mind wandering and attention during focused meditation: a fine-grained temporal analysis of fluctuating cognitive states", *NeuroImage*, 59, 2012, pp. 750~760.

5   Alain, *Propos*, Gallimard, col. "Bibliothèque de la Pléiade", 1970, p. 1007.

6   A. B. Nejad, P. Fossati and C. Lemogne, "Self-referential processing, rumination and cortical midline structures in major depression", *Fontiers Hum Neurosci*, 7, 2013, p. 666.

7   J. P. Hamilton, M. Farmer, P. Fogelman and I. H. Gotlib, "Depressive Rumi-nation, the Default-Mode Network and the Dark Matter of Clinical Neurosci-

ence", *Biological psychiatry*, 78(4), 2015, pp. 224~230.

8   R. L. Bluhm, P. C. Williamson, E. A. Osuch, P. A. Frewen, T. K. Stevens, K. Boksman, R. W. J. Neufeld, J. Théberge and R. A. Lanius, "Alterations in default network connectivity in posttraumatic stress disorder related to early-life trauma", *J Psychiatry Neurosci*, 34(3), 2009, pp. 187~174.

9   D. P. Kennedy, E. Redcay and E. Courchesne, "Failing to deactivate: resting functional abnormalities in autism", *Proc Natl Acad Sci USA*, vol. 103(21), 2006, pp. 8275~8280.

10 S. B. Koch, M. van Zuiden, L. Nawijn, J. L. Frijling, D. J. Veltman and M. Olff, "Aberrant resting-state brain activity in posttraumatic stress disorder: a meta-analysis and systematic review", *Depress Anxiety*, 33(7), 2016, pp. 592~605.

11 S. Hofmann, A. Sawyer, A. Witt and D. Oh, "The effect of mindfulness-based therapy on anxiety and depression: a metaanalytic review", *J Consult Clin Psychol* 78, 2010, pp. 169~183.

12 Z. V. Segal, P. Bieling, T. Young, G. MacQueen, R. Cooke, L. Martin, R. Bloch and R. D. Levitan, "Antidepressant monotherapy vs sequential pharmacotherapy and mindfulnessbasedcognitive therapy, or placebo, for relapse prophylaxis in recurrent depression", *Arch Gen Psychiatry*, 67, 2010, pp. 1256~1264.

13 J. Kabat-Zinn, *Full catastrophe living: using the wisdom of your body and mind to face stress, pain and illness*, Dell, 1990.

14 S. Sears and S. Kraus, "I think therefore I om: Cognitive distortions and coping style as mediators for the effects of mindfulness meditation on anxiety, positive and negative affect and hope", *Journal of Clinical Psychology*, 65, 2009, pp. 561~573.

15 R. J. Davidson, J. Kabat-Zinn, J. Schumacher, M. Rosenkranz, D. Muller, S. F. Santorelli, F. Urbanowski, A. Harrington, K. Bonus and J. F. Sheridan, "Alter-

ations in brain and immune function produced by mindfulness meditation",
Psychosom Med, 65(4), pp. 564~570.

16 P. Kaliman, M. J. Álvarez-López, M. Cosín-Tomás, M. A. Rosenkranz, A. Lutz
    and R. J. Davidson, "Rapid changes in histone deacetylases and inflammatory
    gene expression in expert meditators", *Psychoneuroendocrinology*, 40, 2014, pp.
    96~107.

17 T. L. Jacobs, P. R. Shaver, E. S. Epel, A. P. Zanesco, S. R. Aichele, D. A. Bridwell,
    E. L. Rosenberg, B. G. King, K. A. MacLean, B. K. Sahdra, M. E. Kemeny, B.
    Ferrer, B. A. Wallace and C. D. Saron, "Self-Reported Mindfulness and Corti-
    sol During a Shamatha Meditation Retreat", *Health Psychology*, 32, 2013, pp.
    1104~1109.

8장 자아의 침묵

1   M. Hulin, *La Mystique sauvage*, Paris, Presses Universitaires de France, 2008.

2   필립 그로닝Philip Gröning 감독의 다큐멘터리 〈위대한 침묵Le Grand Silence〉.

3   J. Brewer, "Meditation experience is associated with differences in default mode
    network activity and connectivity", *PNAS* 108, 2011, p. 20254.

4   J. R. Andrews-Hanna, J. S. Reidler, J. Sepulcre, R. Poulin and R. L. Buckner,
    "Functional Anatomic Fractionation of the Brain's Default Network", *Neuron*,
    65(4), pp. 550~562.

5   엔델 튈빙(Endel Tulving)의 이른바 '자기 인식적(autonoétique)' 의식(1985).

6   N. A. S. Farb, Z. V. Segal and H. Mayberg, "Attending to the present: mindful-
    ness meditation reveals distinct neural modes of self-reference", *Social cognitive
    and affective neuroscience*, 2007, 2(4), pp. 313~322.

7   D. S. Margulies, S. S. Ghosh, A. Goulas, M. Falkiewicz, J. M. Huntenburg, G.
    Langs, G. Bezgin, S. B. Eickhoff, F. X. Castellanos, M. Petrides, E. Jefferies and

J. Smallwood, "Situating the default-mode network along a principal gradient of macroscale cortical organization", *Proc Natl Acad Sci USA*, 113(44), pp. 12574~12579.

8 K. A. Garrison, D. Scheinost and P. D. Worhunsky, "Realtime fMRI links subjective experience with brain activity during focused attention", *Neuroimage*, 81, 2013, pp. 110~118.

9 http://content.time.com/time/magazine/article/0,9171,1879179,00.html(지금은 접속되지 않는다-옮긴이).

10 A. Newberg, M. Pourdehnad, G. Alavi Abass and E. Aquili, "Cerebral Blood Flow during Meditative Prayer: Preliminary Findings and Methodological Issues", *Perceptual and motor skills*, 97, 2003, pp. 625~630.

11 F. Varela, "The Deep Now" in J. Brouwer and A. Mulder, *Machine Times-DEAFOO*, NAI Publishers, 2000.

도판 출처

26쪽 © Sasint/pixabay.com.

33쪽 Caspar David Friedrich, *Der Wanderer über dem Nebelmeer*, 1818, Hamburger Kunsthalle, Hamburg.

61쪽 © Fizkes/shutterstock.com.

77쪽 Wikimedia commons.

96쪽 © Gremlin/rfpro.gettyimageskorea.com.

107쪽 © Pekic/rfpro.gettyimageskorea.com.

131쪽 J. J. Grandville. illustration of *L'Astrologue qui se laisse tomber dans un puits*, Collection particulière.

139쪽 Illustration of "Carte mentale créativité", © Nicole Cournoyer‑www.creativite.net.

165쪽 Scene from *Waiting for Godot*, staging by Otomar Krejca, Avignon Festival, 1978, wikimedia commons.

177쪽 Henri de Miller, *L'Écoute*, 1986, © Adagp, Paris, 2019, Photo © Mistervlad/Shutterstock.com

246쪽 Jusepe de Ribera, *Saint Paul the Hermit*, 1640, Collection particulière.

CERVEAU ET SILENCE

뇌를 위한 침묵 수업

초판 1쇄 발행 2025년 5월 9일

지은이 미셸 르 방 키앵
옮긴이 이세진
발행인 김형보
편집 최윤경, 강태영, 임재희, 홍민기, 강민영, 송현주, 박지연, 김아영
마케팅 이연실, 송신아, 김보미 **디자인** 송은비 **경영지원** 최윤영, 유현

발행처 어크로스출판그룹(주)
출판신고 2018년 12월 20일 제 2018-000339호
주소 서울시 마포구 동교로 109-6
전화 070-5038-3533(편집) 070-8724-5877(영업) **팩스** 02-6085-7676
이메일 across@acrossbook.com **홈페이지** www.acrossbook.com

만든 사람들
편집 홍민기 **교정** 박선미 **표지디자인** 올리브유 **본문디자인** 송은비 **조판** 정은정